# 中国大运河博物馆

CHINA GRAND CANAL MUSEUM

南京博物院　中国大运河博物馆　编

江苏凤凰文艺出版社
JIANGSU PHOENIX LITERATURE AND ART PUBLISHING

目 录

前言   *4*

第一章   选址扬州的中国大运河博物馆   *6*

第二章   昂扬质朴的新唐风建筑   *16*

第三章   全流域多视角的展览展示展演   *34*

第四章   贴近公众的博物馆教育   *188*

第五章   高品质的服务保障体系   *202*

第六章   思维创新的组织协调机制   *222*

大事记   *242*

前言

　　大运河是中国古代建造的伟大工程，是世界上开凿时间最早、河道距离最长、工程规模最大和流域面积最广的人工运河。它肇始于两千五百余年前的吴越大地，连接了长江、黄河、淮河、海河和钱塘江五大水系，贯穿了浙江、江苏、安徽、河南、山东、河北、天津和北京等八个省市，衔接了亚欧丝绸之路，延伸了海上贸易通途。

　　中国大运河，犹如一条生命脐带，源源不断地为两岸的生命注入营养，孕育着一代代子孙。运河之于城市，不是生母，便是乳娘。在绵延三千六百公里的运河两岸，一座座历史文化名城和集镇街区"因运而生"，大河上下，帆樯林立，水陆码头，商贾云集，客来运河两岸，货运大江南北。不同于天然河流滋养的地域文明，大运河催生的文化源于碰撞与交流，属于因素多元、内质包容、富有活力的杂糅与灵动。运河两岸的民间信仰、岁时节日、习俗饮食、游艺竞技和诗词曲艺等因地域差异而各具特色，因运河串联而渗透融合。流淌的运河影响着两岸的儿女，他们往往不会固守一隅，而是像河水一样四处奔流，不断交流碰撞，如同满天星斗，闪耀在迤逦的大运河上，最终又如火种般相继归来，将丰富多元的文化特质带回并播种在故乡的土地上。

　　大运河自东而西，自南往北，巧夺天工，融通九州，两岸景色旖旎，四时风光斑斓。运河兴衰，生民与共，山河依旧，历久弥新。江苏大运河沿线古城、古码头、古驿站、古村落、古遗址等文化遗产星罗棋布，无锡清名桥河心月悬、黛瓦飞檐，镇江西津渡北望瓜洲、一步千年，扬州中国大运河博物馆制式新唐、塔映三湾，高邮湖寺塔河堰、日阅千帆，如此种种，成就了江苏的以水为主的地域文明。运河千古，承载历史文化积淀，转漕天下丰饶物产，既为两岸儿女提供了丰富多样的物质资源，又造就了兼收并蓄的价值观念，时空经纬的编织、血脉枝蔓的交融，无不绽放着水韵故乡的文化气息。

习近平总书记强调："大运河是祖先留给我们的宝贵遗产，是流动的文化，要统筹保护好、传承好、利用好。"江苏作为大运河起源地和申遗牵头城市所在省份，正致力于推进大运河文化带、大运河国家文化公园江苏段建设走在全国前列。中国大运河博物馆作为最能反映运河文化的标志性工程，将全流域、全时段、全方位展现中国大运河的历史和文化，呈现运河文化的博大精深、运河两岸的美好生活、运河全线的文化遗产和全球运河城市的交流互鉴。

2021年6月，中国大运河博物馆就要正式开馆迎客了，这里将成为传承运河文化、讲好运河故事的重要舞台，成为传播运河声音、增强文化软实力的显示载体。

此河两岸是家乡。大运河是流动的文化，延续了中华文明的辉煌历史。回首数千年，运河开通，滋养兆民，铸就了运河两岸炎黄子孙生生不息的家国情怀，塑造了华夏大地多元一体的文化格局。走进新时代，大运河文化带建设方兴未艾，国家文化公园规划有序推进，古老的大运河以新生的文化景观形态，发挥着世界文化遗产的卓殊魅力，彰显着中华民族改革创新的时代精神和兼收并蓄的文化品格。

第一章

选址扬州的中国大运河博物馆

三湾之畔的大运河博物馆

扬州见证了大运河的兴衰

博物馆鲜明的个性特色

符合新时代文旅融合发展要求

在古城扬州的正南，古运河突然左转右绕，形成了名为"三湾"的水文景观。这是中国大运河一个特殊的水工设施，三道湾的阻水作用，使围绕扬州东侧、南侧的运河水位得以提高，从而确保了扬州城内河道的水位，"三湾抵一坝"。它既保障了航运的通畅，又提高了运河上游的水位，利于扬州城内市民的生活，是中国古代运河水工智慧的一个重要实证。

三湾之畔的大运河博物馆

随着扬州城市的扩容，过去城南的"三湾"成为今天扬州城市南部的重要发展区域，近年来相继建成了扬州三湾湿地公园、三湾体育公园、三湾城市书房等，成为扬州城内重要的文化旅游景区和百姓休闲场所。在此基础上，大运河国家文化公园江苏段的建设，也将三湾作为重点选址。

在三湾建设大运河国家文化公园的一个重要举措，就是江苏省委省政府重点谋划的成立扬州中国大运河博物馆（于2020年11月10日由国务院办公厅批复定名，以下简称"中国大运河博物馆"或"中运博"），由扬州市负责馆舍建设，省文化和旅游厅筹划展览和运营，并交由南京博物院负责具体实施。同时，扬州市还在博物馆东侧重点配套建设扬州大运河非遗文化园，让三湾地区既能成为公共文化服务的重点场所、彰显运河文化作用，又能成为公众喜爱的旅游目的地、促进文旅融合发展。

矗立在三湾古运河畔的中国大运河博物馆，由展馆、内庭院、馆前广场、大运塔和今月桥五部分组成。馆前广场向南直抵运河湾道，展馆和塔之间以造型时尚的拱桥——今月桥相连接。整座博物馆的风格是传统和现代的结合、是中原和江淮的体现、是运河历史和文化的承载。它是城中之馆、园中之馆，水映馆美、

三湾湿地公园

三湾体育公园

三湾城市书房

馆映园美，让大运河和扬州、和江苏、和中国建立起了更密切、更广泛、更美好的联系。

扬州见证了大运河的兴衰

扬州是中国历史文化名城，隋唐宋时期的扬州城遗址是全国重点文物保护单位。扬州在中国历史上的作用和文化发展中的地位，主要得益于大运河的开凿和经营。早在春秋时期，吴王夫差在扬州首凿邗沟，沟通了长江和淮河流域，是中国大运河的滥觞；隋炀帝杨广营都洛阳，常驻跸扬州，疏浚了洛阳和江淮江南、华中华北的水上通道，贯通了中国东西南北的交通大动脉，在其基础上形成的隋唐大运河强盛了国家，发展了经济。扬州位于长江口，西可通洛阳连接丝绸之路，东可下黄海、东海连接海上丝绸之路，成为"一带一路"交汇点城市，经济发展程度史称"扬一益二"。元代为将江淮和江南地区与首都大都直接联系，裁弯取直开通了南北向的京杭大运河，扬州借与长江、运河的水利之便，以及黄海、东海边的煮盐和江淮、江南的粮食，成就了运河上的盐运和漕运，推动了国家经济发展、生活富庶、文化兴盛。中国大运河博物馆选址扬州，是因为扬

古邗沟

东关街

个园

瘦西湖

州见证了中国大运河的起始和发展、繁盛与衰落，以及与之相伴的国家民族的历史变迁。

博物馆鲜明的个性特色

中国大运河博物馆是大运河文化带和大运河国家文化公园建设的重点项目，江苏省委省政府十分重视博物馆的建设，要求我们将其建设成为展示国家精神、彰显历史文化、体现时代特色的标杆性工程，建设成为保存大运河历史记忆、传承大运河文化的新时代经典之作，建设成为展示大运河文化特色、时代特征且经得起历史检验的精品工程。

作为国家文化公园重要内容的中国大运河博物馆，既要展示大运河作为文物保护单位和世界文化遗产的价值内涵、保护传承的意义和教育作用，又要展现大运河文化带和国家文化公园建设能给人民群众带来更美好的生活；既要发挥在传承运河文明、讲好运河故事、传播运河文化中的积极作用，又要致力于用运河文化带动沿岸地区的相互沟通、交流、融合、发展。希望观众在馆内可以看到隋唐大运河、京杭大运河、浙东运河的前世今生，看到运河上的水工智慧、舟船式样、漕运盐利、贸易商业、戏曲美术、民间信仰、饮食风物、市井生活，以及运河沿线的自然生态、运河与"一带一路"的交汇融合。

因此，中国大运河博物馆的展览将全流域、全时段、全方位地展示大运河的历史和文化，即以大运河发展变迁为时间轴，以大运河的全流域为空间范畴，展示"运河带来的美好生活"。全馆以2个常设展览、6个专题展览展示、2个数字化沉浸式展厅、1个展演传统戏曲的小型剧场、1个青少年互动体验项目、2个临时展厅，向公众提供优质的展览、展示、展演，全方位地讲述运河文物保护利用、遗产保护传承、文化带建设发展、文

洪泽湖大堤

吴江古纤道

盘门

宝带桥

拱宸桥

化公园建设带来的美好生活。博物馆定位为展示中国大运河作为文物保护单位、世界文化遗产地、国家文化公园的价值和作用，以及大运河给人们带来美好生活的专题博物馆。

符合新时代文旅融合发展要求

中国大运河博物馆的建设、展览和运营的谋划，体现了高质量发展、文旅融合发展的定位要求。在建设和布展过程中，我们一方面从弘扬运河文化出发，明确发展目标、调整内部空间、完善展览策划、营建文化环境、强化公众服务，努力建设一座国内一流的博物馆，让公共文化服务发挥最大的社会效能；另一方面，我们从关注游客体验出发，注重旅游氛围、提升服务设施、增强展览体验、营造时尚环境、增设互动项目，努力打造一个4A级以上的旅游景区。因此，博物馆为公众提供的服务必须是内容丰富、形式多样、知识性和趣味性相结合的，是展览、展示、展演场所的有机统一，是教育、服务、观赏、游乐、休闲的全面呈现，具有鲜明的个性特色。这使文旅融合目标下建成的中国大运河博物馆，既要服务国家文化建设的发展大局，又要服务地方经济社会的协调发展；既要成为公共文化服务的重要组成部分，又要成为重要的旅游目的地。

清名桥历史文化街区　　　　　　　　山塘河历史文化街区

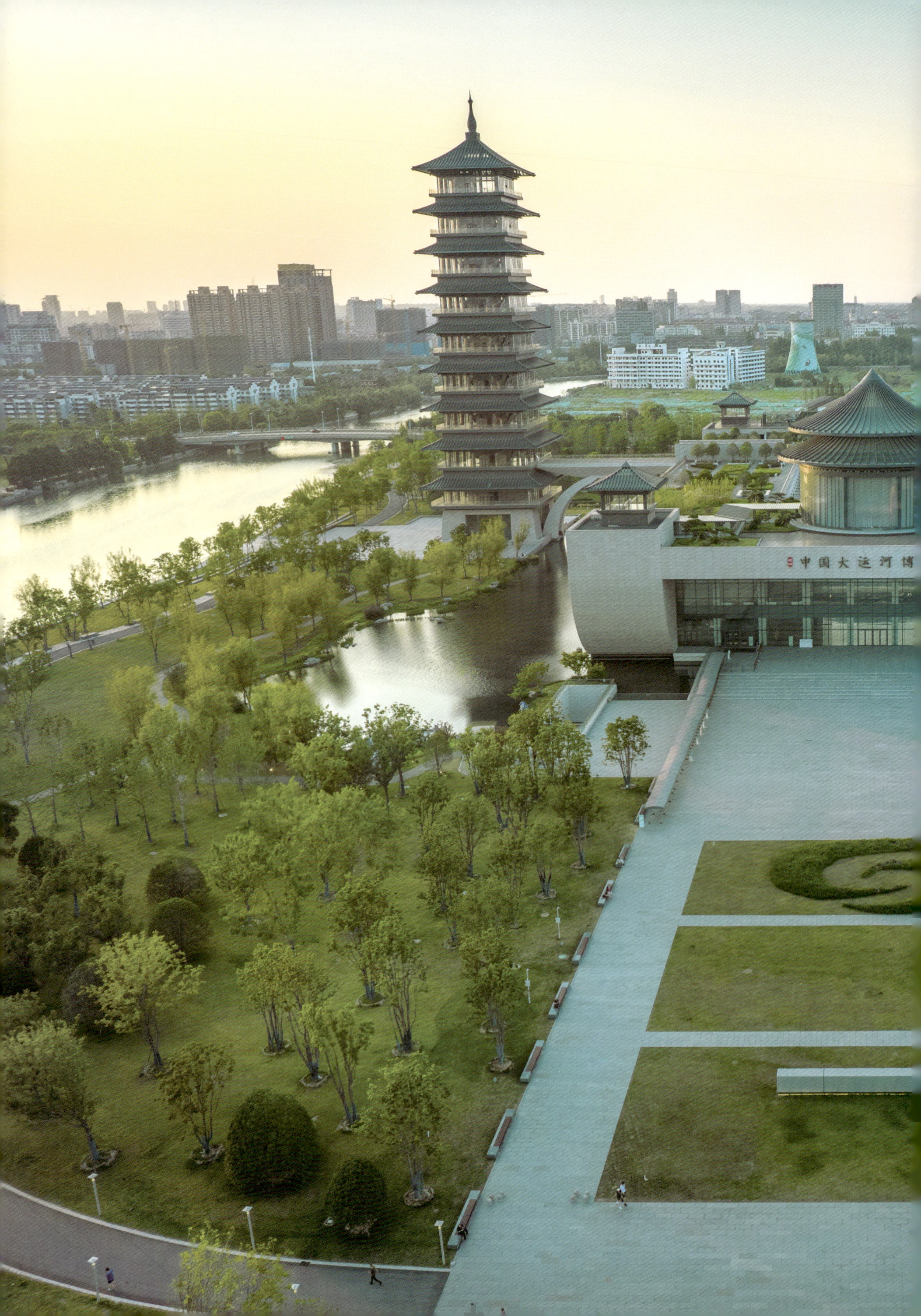
中国大运河博

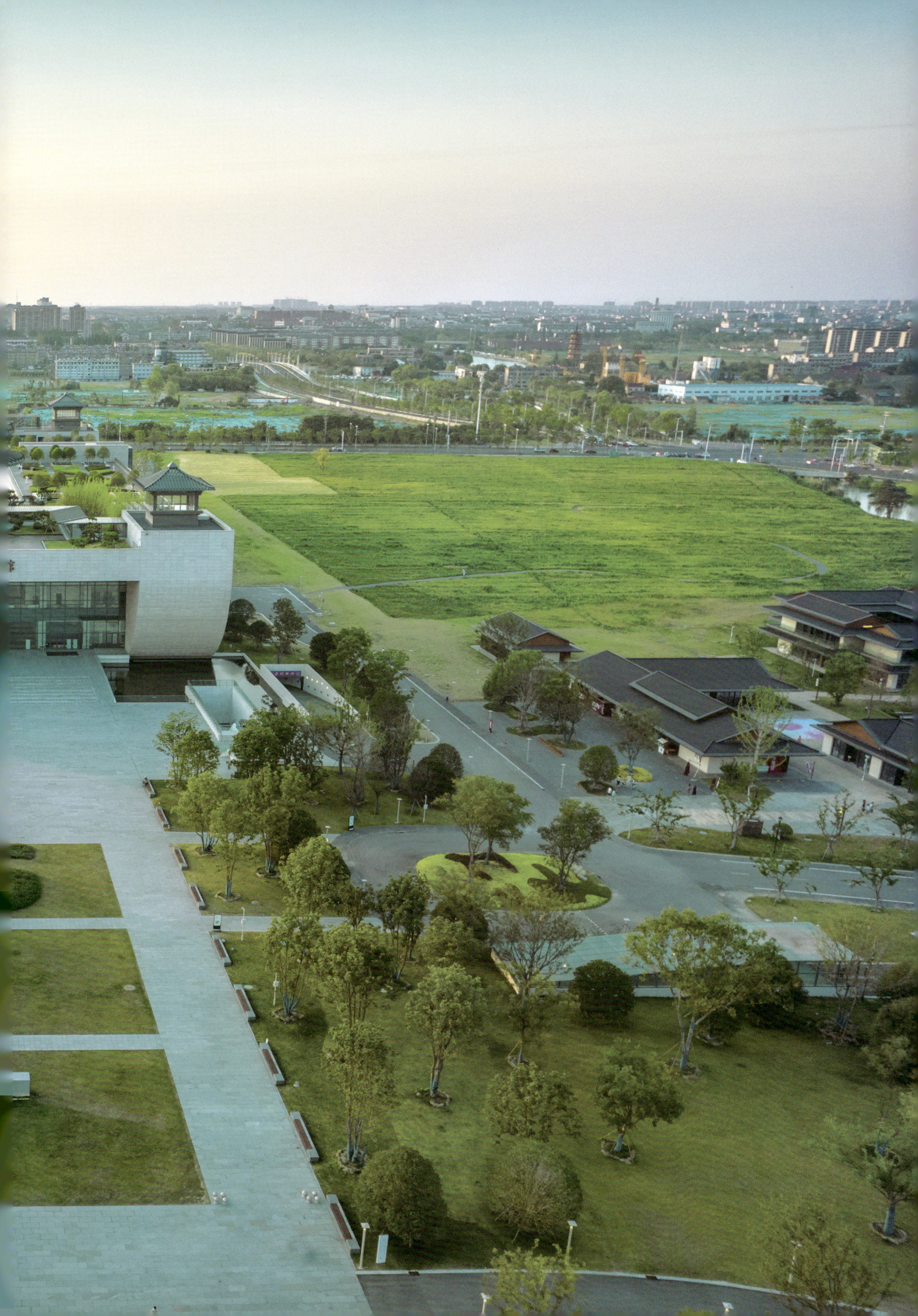

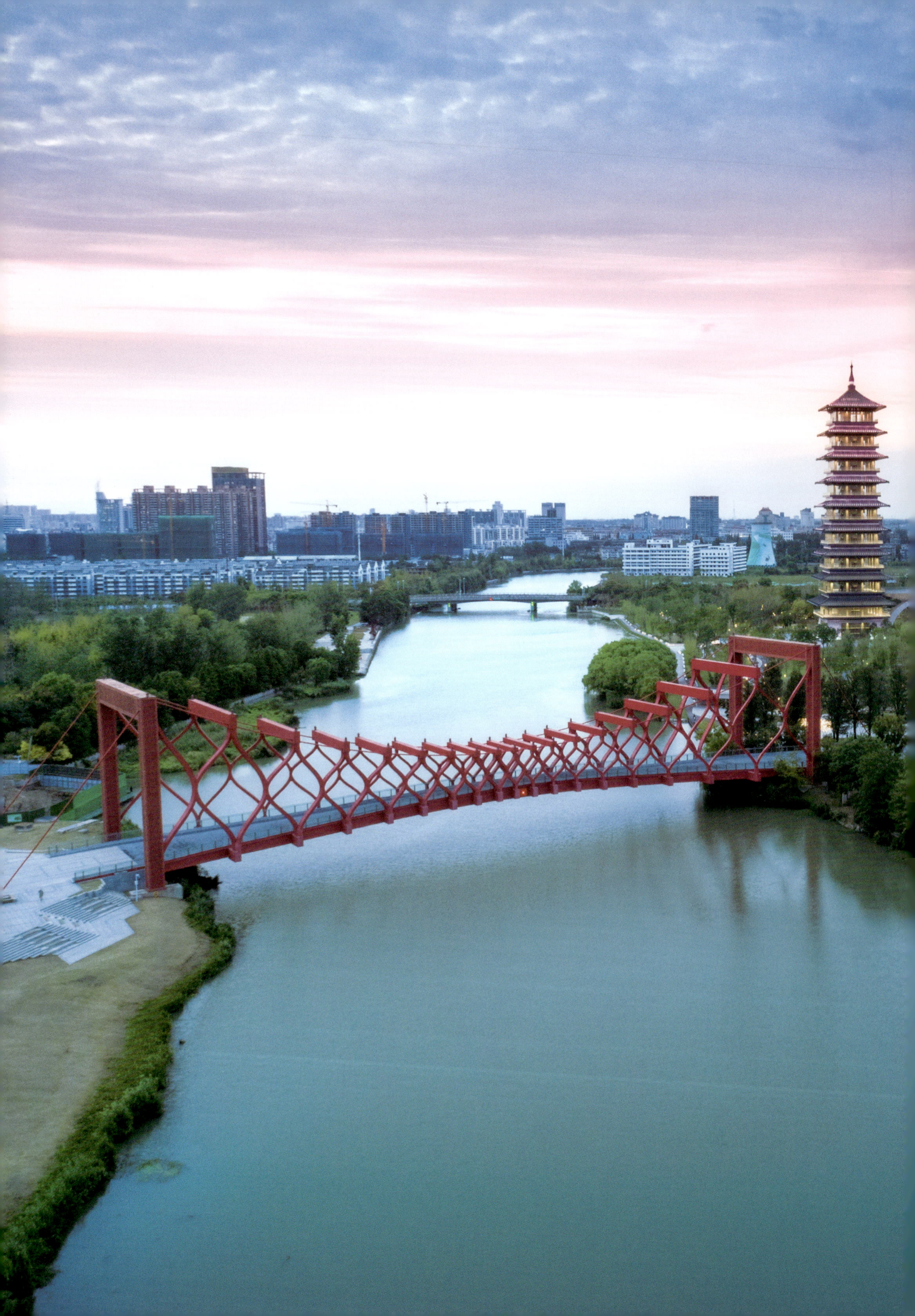

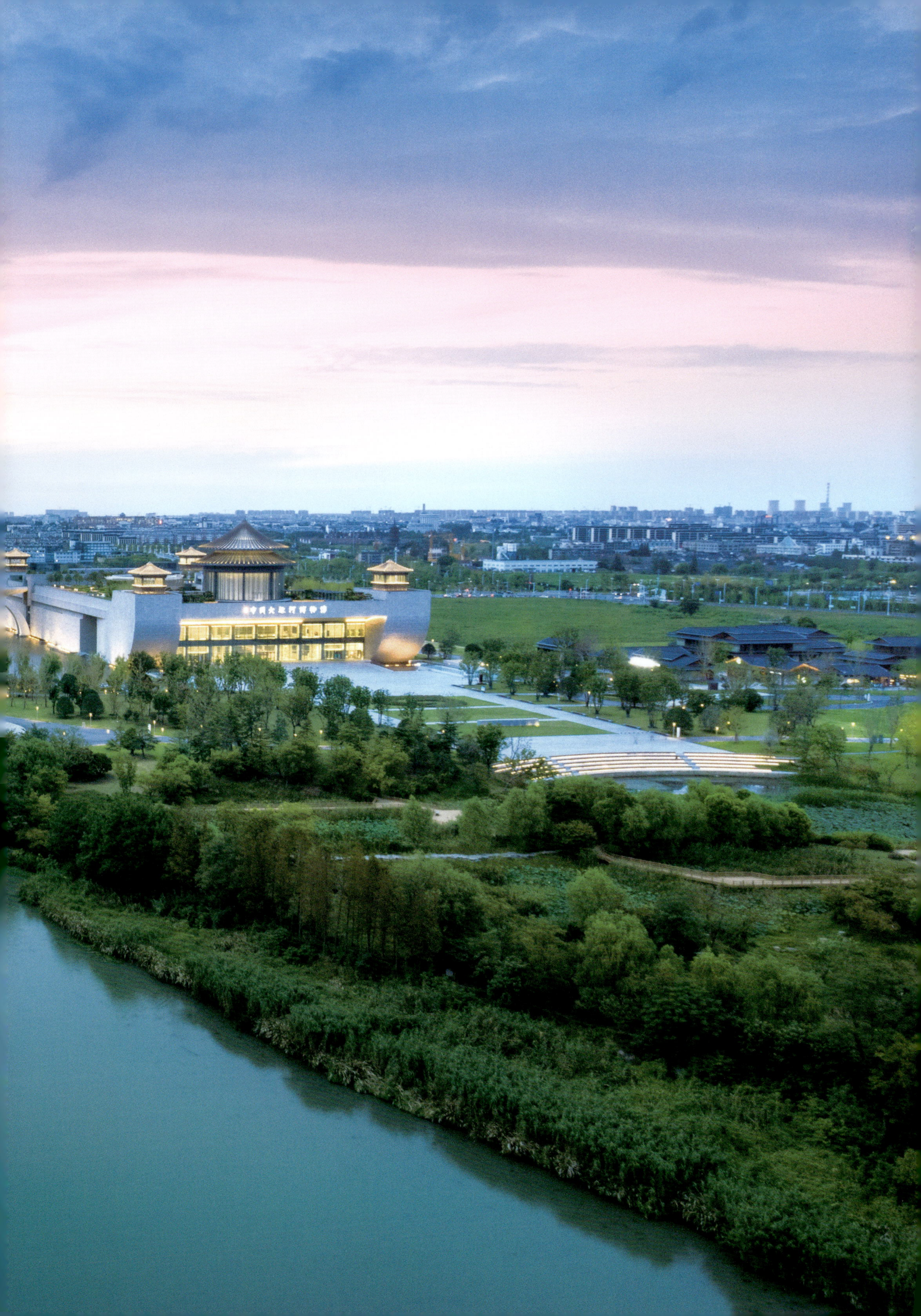

第二章

昂扬质朴的新唐风建筑

传统文脉的当代传承

与景观环境融合的外部构思

与展览相契合的内部空间

中国大运河，是活态的文化遗产、流动的千年文脉，千百年来不断开凿、更新，至今仍在交通、水利、生态、文化等方面发挥着巨大的作用。大运河孕育了"同生共长"的扬州，扬州是大运河交汇点城市与申遗牵头城市，也是拥有大运河遗产点最多的城市之一。唐朝，是中国传统文化灿烂辉煌的王朝，也是扬州繁华鼎盛的时代。"烟花三月下扬州"，大诗人李白为扬州义务代言了一千多年。王朝与名城繁华辉煌的背后，大运河厥功甚伟。

> 万艘龙舸绿丝间，载到扬州尽不还。
> 应是天教开汴水，一千余里地无山。
>
> ——（唐）皮日休《汴河怀古二首（其一）》

扬州唐城遗址

陕西历史博物馆

中国大运河博物馆建筑既要有时代的气息，展示生机勃勃的新运河、新扬州，还要有浓浓的传统风韵，让观者喜闻乐见，能感受到风华绝代的淮扬意韵。唐风建筑的形式真实地反映了建筑的结构和功能，明确的构造逻辑、统一的色彩，与现代主义建筑高度统一。唐代建筑雄浑质朴、宏伟大气、形体俊美、飘逸舒展，是自信、开放、多元、包容的盛唐文化的集中体现，也是当今中华民族复兴、创造历史的时代精神的完美体现。

新唐风建筑不是复古建筑，而是抽象概括传统唐代建筑风格之后，保留了传统建筑的空间艺术特色的现代建筑。新唐风建筑是20世纪80年代张锦秋院士在设计陕西历史博物馆时提出的创造性的设计思想。经过几十年的创作实践，不断地演化、革新、拓展，新唐风建筑从西安走向全国各地，与不同地区的历史文化重新结合，走出了一条传统建筑现代化的中国特有风格建筑之路。

张锦秋院士通过建筑设计弘扬中国传统文化。2010年被授予何梁何利基金科学与技术成就奖时，她获得如下评语："始终坚持科学与艺术相统一，传统与现代相结合的创作道路，一直致力于基于中国文化特色的建筑研究和设计实践，设计了一大批具有民族特色、时代气息、科技创新、科技与艺术完美结合的现代建筑，弘扬了中国建筑的核心理念。"

传统文脉的当代传承

中国大运河博物馆建筑面积 79 373 平方米,由展馆、内庭院、馆前广场、大运塔和今月桥五部分组成。

博物馆的主体部分是一个浑厚的水平向具有雕塑感的形体,五脏六腑具备了一个功能复杂的大型现代博物馆的主要功能。主体外观的简洁、现代,给室内空间和展陈设计提供了最大的自由度和灵活性。

博物馆的雕塑感形体呈向上托举之势,仿佛一波被时间凝固的运河水,水纹形的外墙石板形成连续的水平线条,强化建筑水平舒展的体量,与塔的高耸形成对比。建筑外墙靠近地面的部分,以水平向的镜面石板呈现动态变化的韵律,好似水波光影,让浑厚有力的外形蕴含了一丝水乡的细腻与温柔。

运河水托起的屋顶花园、亭台楼阁是扬州,也是中华悠久历史和经典传统文化的写意。博物馆中央和四角节点处的亭台楼阁,用简洁、现代的钢结构线条勾勒出来,具有鲜明的隋唐建筑特征,类似殿堂的轮廓。建筑细节干净利落,没有多余的装饰。

阅江厅和四角亭使博物馆建筑外观给人以多重联想,如扬州五亭桥、文昌阁、湖上的画舫。踞高位的圆形大厅是接待厅,周围由玻璃幕墙围合,视野开阔。来客在此俯瞰汇入长江的隋唐大运河,"江流天地外"之诗意、阅古今风云的情怀油然而生,故名"阅江厅"。

阅江厅架构以中国传统的亭台楼阁和运河水乡的纸伞为意象,采用轻型铝质密肋梁和夹层玻璃屋面,既有经典的唐风建筑轮廓,又有淮左名都温婉精致的细节。

内庭院周边的建筑界面采用木构遮阳格栅,形成水平向的肌理,波浪形的处理仿佛运河微微泛起的水波。对景的圆厅采

五亭桥

阅江厅

用斜向交叉的木构半透明外表皮，仿佛传统灯笼，内部弧形台阶若隐若现，层次非常丰富。

大运塔采用钢框架支撑结构，平面逐层收分，亭亭玉立，具有扬州诸塔挺秀的特征。每层钢结构出檐深远，继承唐风楼阁式木塔的古典意象。屋面钢结构写意传统建筑，但不设任何装饰。塔的外观用深灰色金属构件，屋顶、挑檐顶面及垂直幕墙均采用超白玻璃，塔体晶莹剔透。

博物馆西侧以今月桥作为连接大运塔和博物馆的主要通道。今月桥架于水面之上，造型简约，水尽月半，池盈月满，是现代结构、材料对运河两岸常见的月亮桥的演绎。

今月桥的平面中间收窄，状如古琴。立面形似圆月，名字取自李白诗句"今人不见古时月，今月曾经照古人"，同时写徐凝诗意"天下三分明月夜，二分无赖是扬州"，品味穿越唐时明月的时空意趣。

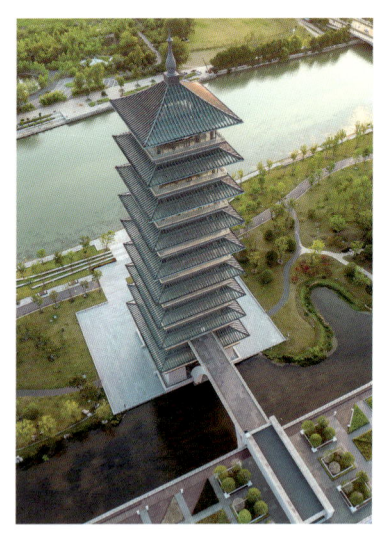

大运塔

今月桥

扬州三湾区位图

"三塔映三湾"区位图

景观平面规划图

与景观环境融合的外部构思

项目伊始，张锦秋院士便带领设计团队到扬州现场踏勘，从几处选址中挑选了三湾，作为中国大运河博物馆的建设用地。

博物馆建在古运河东岸，建筑西南向有红色的剪影桥。主入口朝南，面对三湾的第一湾，处在公园主路与剪影桥的通达处，尊重了三湾生态文化公园的现有规划和格局，运河对博物馆形成玉带环绕之势。

建筑主体平行于南北流淌的古运河，处理好了建筑走向与大运河河道的共生共存关系；博物馆与大运塔由今月桥相连，馆、塔、桥相得益彰，自然美观，四面成景，历史文化与现代文明交相辉映。

三湾用地以北1.2公里有文峰寺的文峰塔，南面4公里有高旻寺的天中塔。三湾是运河中独一无二的景观点，应巧于因借，筑境共济。用无人机从120米的高度航拍三湾的风景，气势恢宏，十分壮观，可以真切感受到古代水工智慧的奇妙和伟大。

张锦秋院士以"三塔映三湾"为构想，在博物馆旁建一座大运塔，为参观者提供了绝佳的观景点，观众可以在这里俯瞰古运河水工智慧——"三湾抵一坝"的历史景观；同时，大运塔与北面的文峰塔、南面的高旻寺天中塔在空间上相互因借，三塔好像三颗珍珠，构成了"三塔连一线"和"三塔映三湾"的天际景观。站在大运塔顶层西北角，还可以看到扬州大明寺的栖灵塔。中国大运河博物馆让扬州古运河这条美丽的项链更加光彩照人。

馆内环境景观材质和色彩与建筑外立面协调，路侧绿化以林荫为主，满足车行和人行要求。建筑周围和自然景观区的绿化注重植物的层次搭配，令四季皆有景可观；局部营造主要景观节点，以突出主要的观赏角度和观赏点；屋顶绿化结合游人活动而设置，满足日常休闲娱乐观景等需要。博物馆与大运塔之间的室外做浅水面，使馆、塔在不同角度形成临水倒影的景观。

总平面图

三湾生态文化公园已经成形，公园风景优美，有各种文体空间、生态廊道。结合三湾运河水利风景，中国大运河博物馆被公园环抱，以优美的湿地风光和丰富的人文景观为依托，建筑与运河水利工程浑然一体，体现出园中有馆、馆中见园的意趣。

与展览相契合的内部空间

与博物馆展览契合的、形式丰富的公共空间，是中国大运河博物馆的一大亮点。

步入博物馆大厅，透过宽23米、高15米的玻璃幕墙，内庭院景观直入眼帘。选取大运河沿线地区特有的石材和树木组合设计的景观，与圆形展厅外墙协调呼应，从博物馆大厅延伸至内庭院的黑金沙地面宛如一面水镜，与量身定制的巨型玻璃相互映衬，构成干净纯粹的独特景观。宽敞开阔的内庭院，公众既可以漫步其间，也可以从走廊、休闲区等不同角度欣赏园中景致。

馆内空间根据展览需求分为不同的高度，各展厅层高分别为 7 米、11 米、14 米不等。例如活态式展览"因运而生"展厅，层高设计为 11 米，可容纳三层高的建筑复原；为了营造梦幻的全景沉浸式展览氛围，数字体验展"河之恋"层高设计在 11 米。博物馆创新性地将小剧场设计在一层和二层之间的夹层里，这种空间整合方式调和了上下楼层间的层高，使博物馆公共空间的层次感更加丰富、完整。

空间的整体利用非常注重与公众活动的结合。博物馆前南广场绿地延伸至三湾广场与剪影桥的交界处，在广场前部，设置有中国大运河博物馆标志石台，为观众提供游览拍照的打卡点。宽阔的广场适合大流量观众疏散聚合，也可以举办各类大型活动。矗立在运河畔的大运塔是博物馆建筑空间的视角延伸，观众可以在运河游船游览后直接登塔，从塔上俯瞰整座博物馆和三湾景区。

馆内参观流线顺畅，展厅呈回字形排列，以公共长廊连接，参观线路不重复交叉。历史展、数字展、活态展示等各类展览沿展线穿插，提升观众参观体验。馆内设计有各种尺度的公共空间，有三层挑高空间、平层开阔空间、围合式二层挑高空间，设有书吧、文创区，可开展各种社会教育活动。

分布于馆内、馆外空间的现代雕塑艺术品，有效提升了博物馆的艺术氛围，营造了博物馆的美学属性，体现了博物馆的审美层次，展现了中国大运河博物馆的设计定位。着眼于当下和未来的创作，根据公共空间的高度、尺寸量体裁衣，将艺术与服务设施巧妙结合的艺术品，处处体现着以人为本的服务理念，给这个崭新的建筑带来了脉脉温情和勃勃生机。

展馆内走廊一角

墙脚浅浮雕

博物馆外立面

圆厅外层木构

内庭院

内庭院外立面格栅

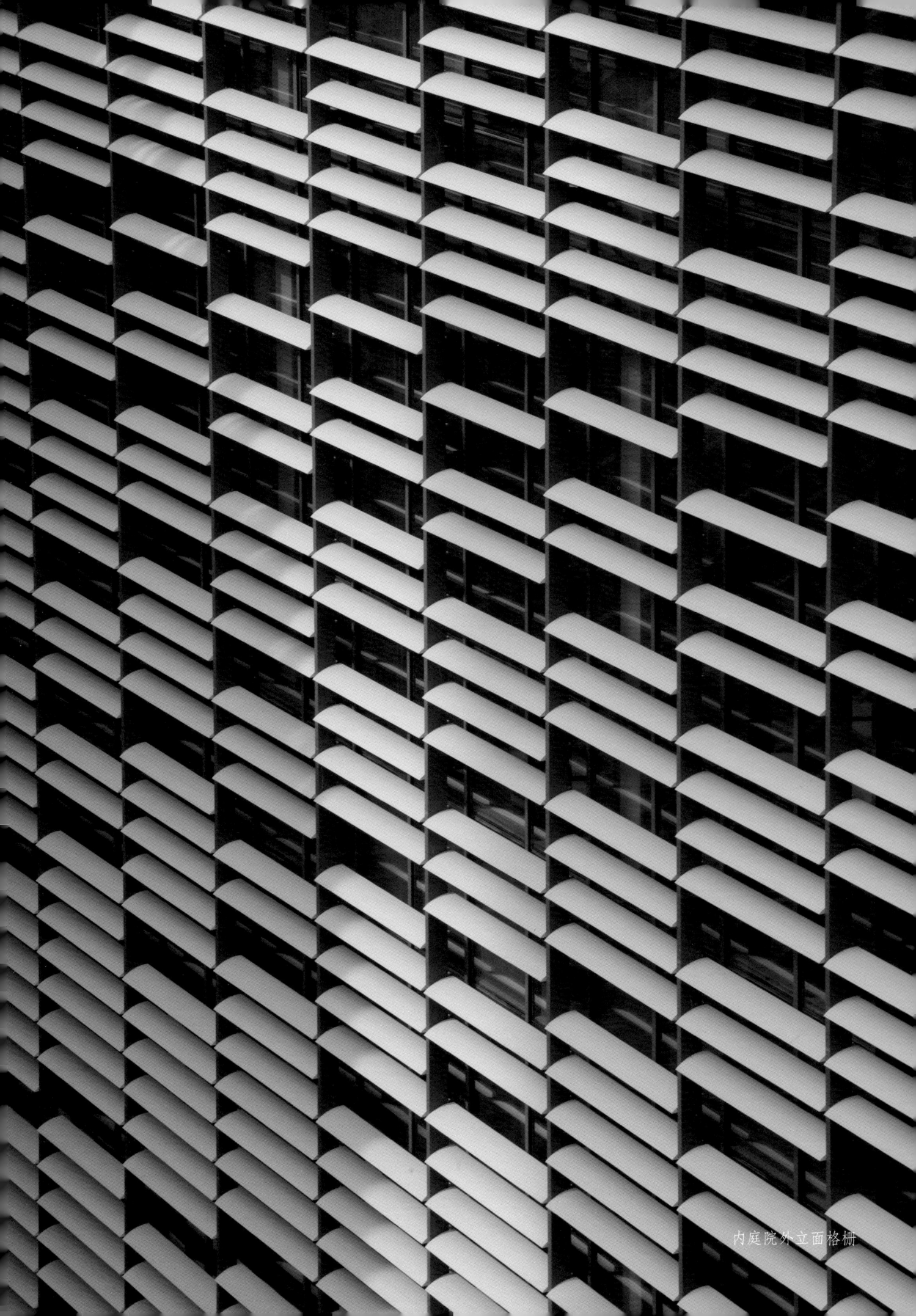

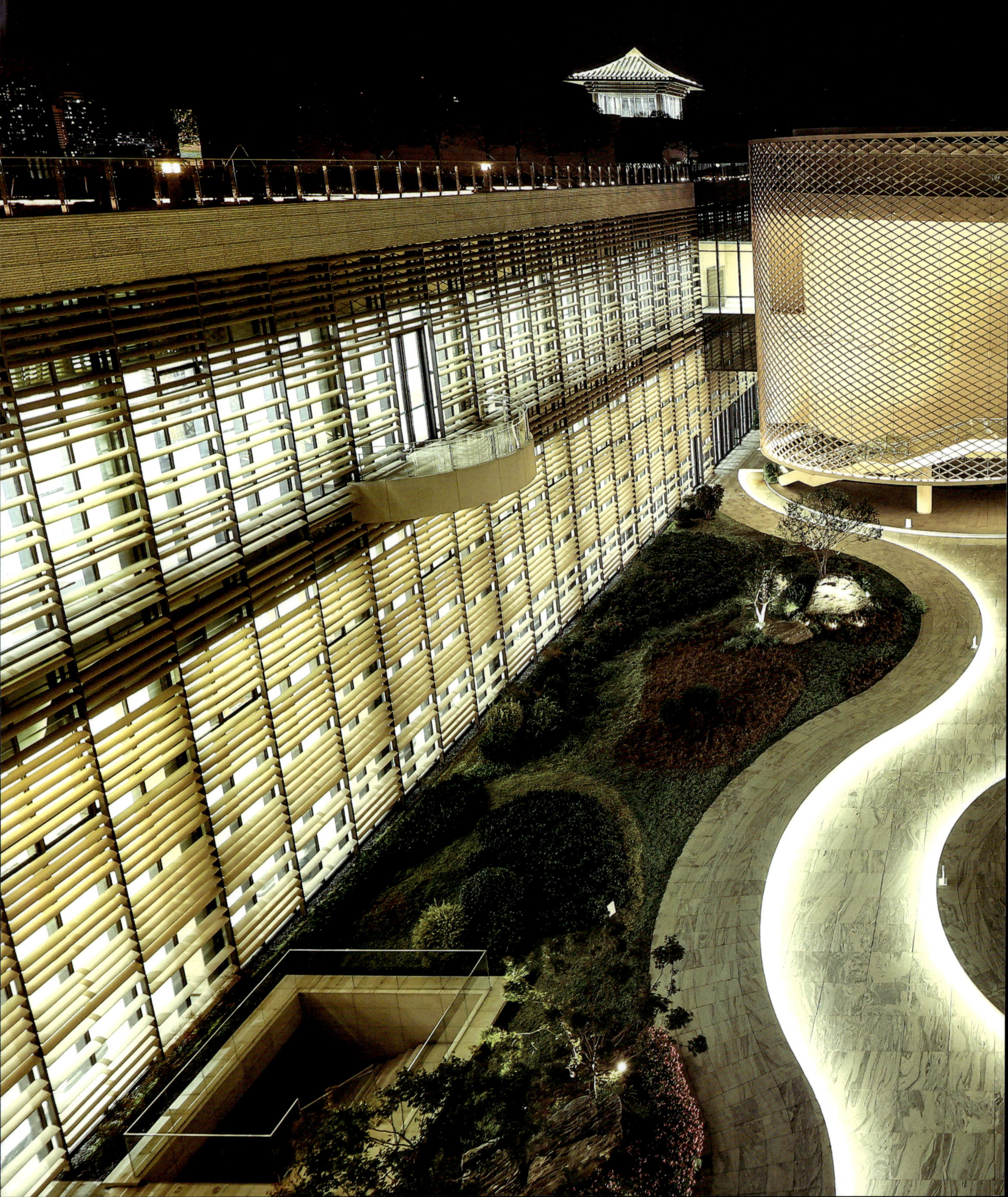

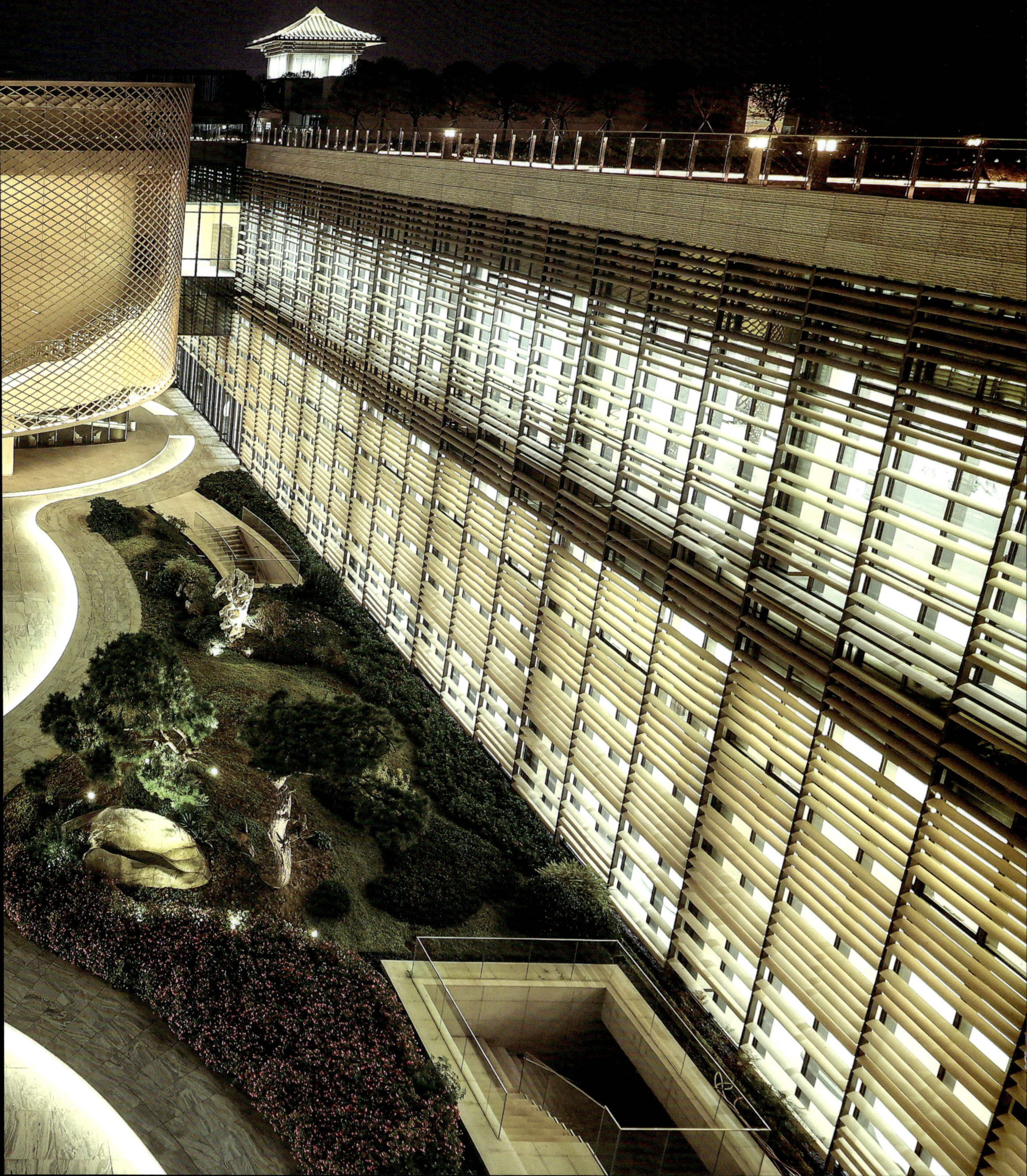

内庭院夜景

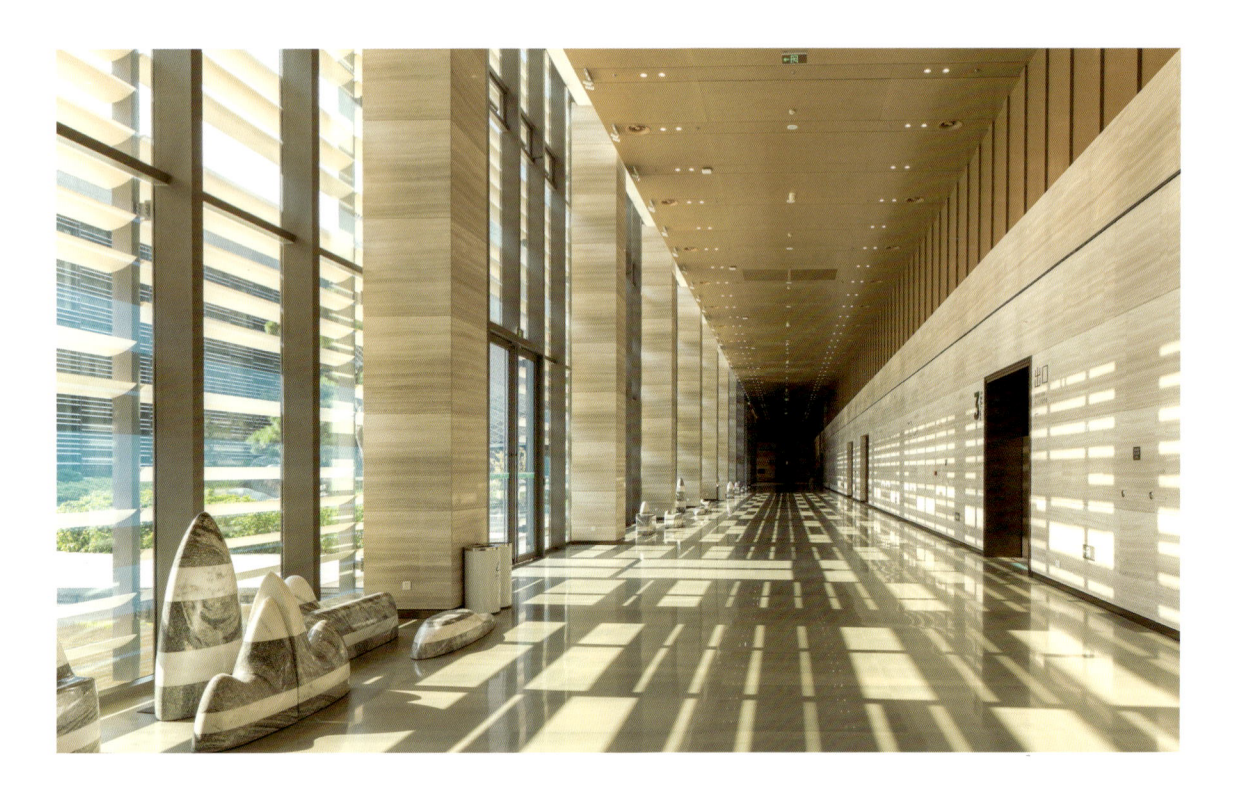

玻璃幕墙和长廊

大运塔屋面钢结构

大运塔装修效果图

今月桥

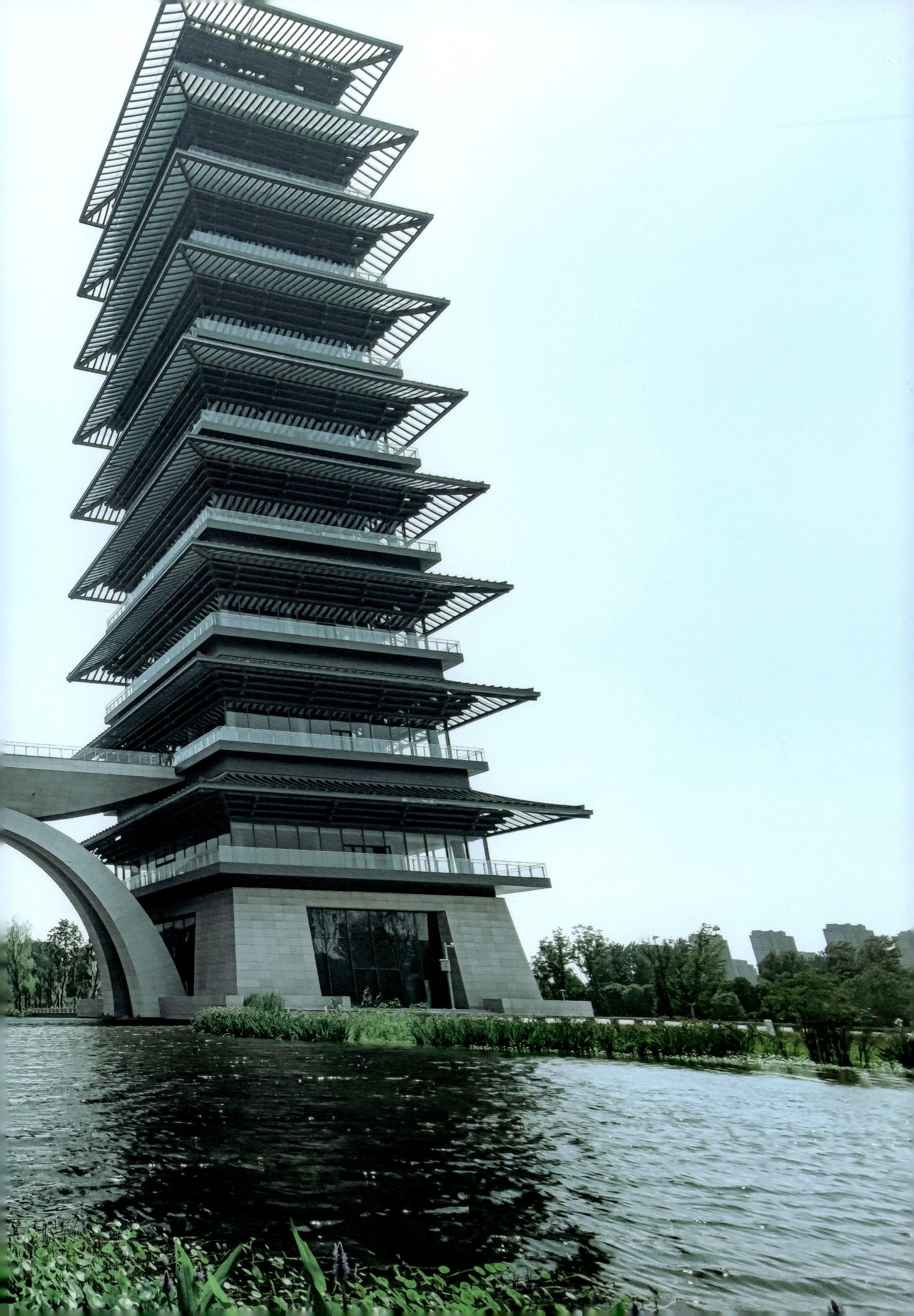

屋顶景观

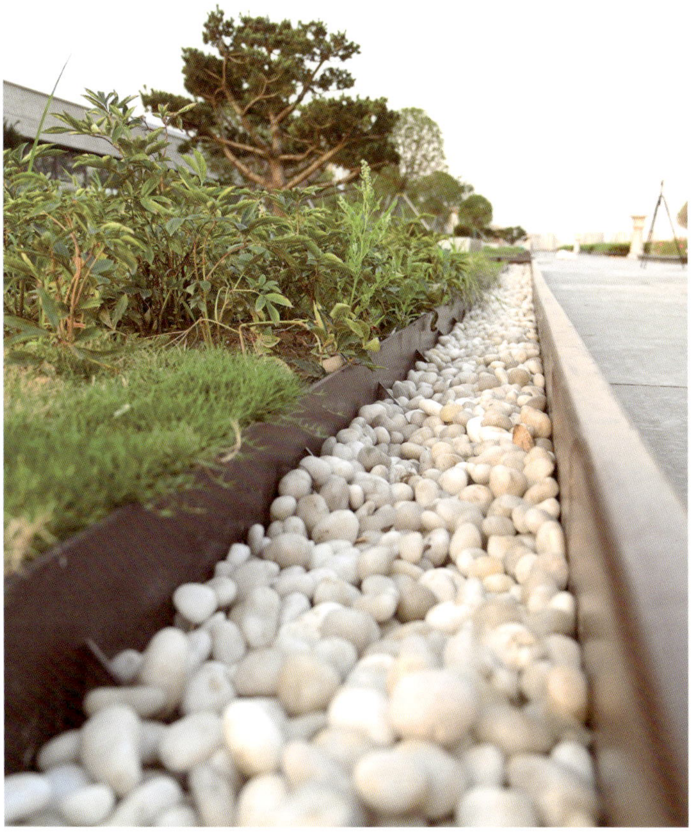
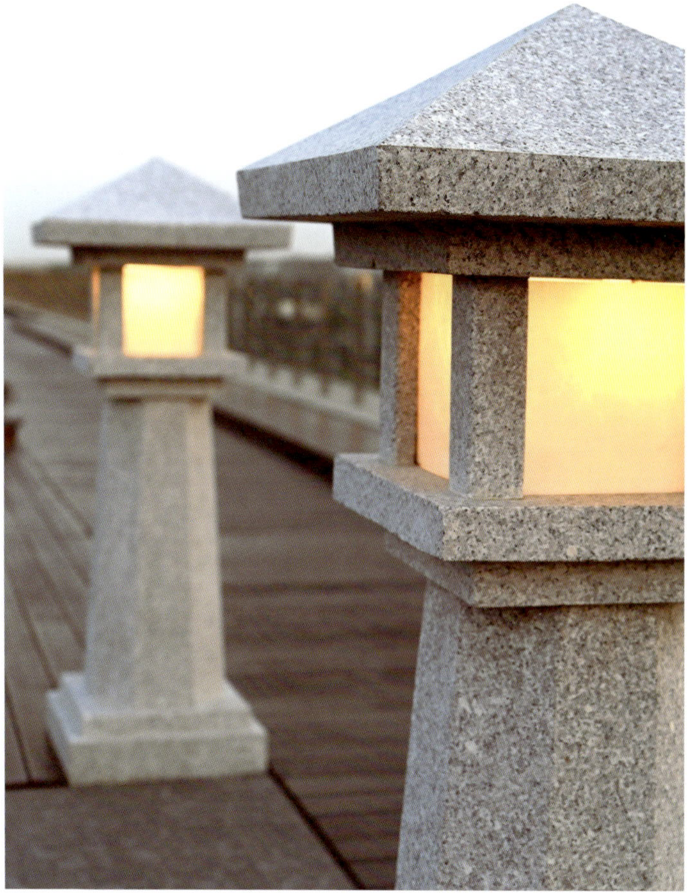
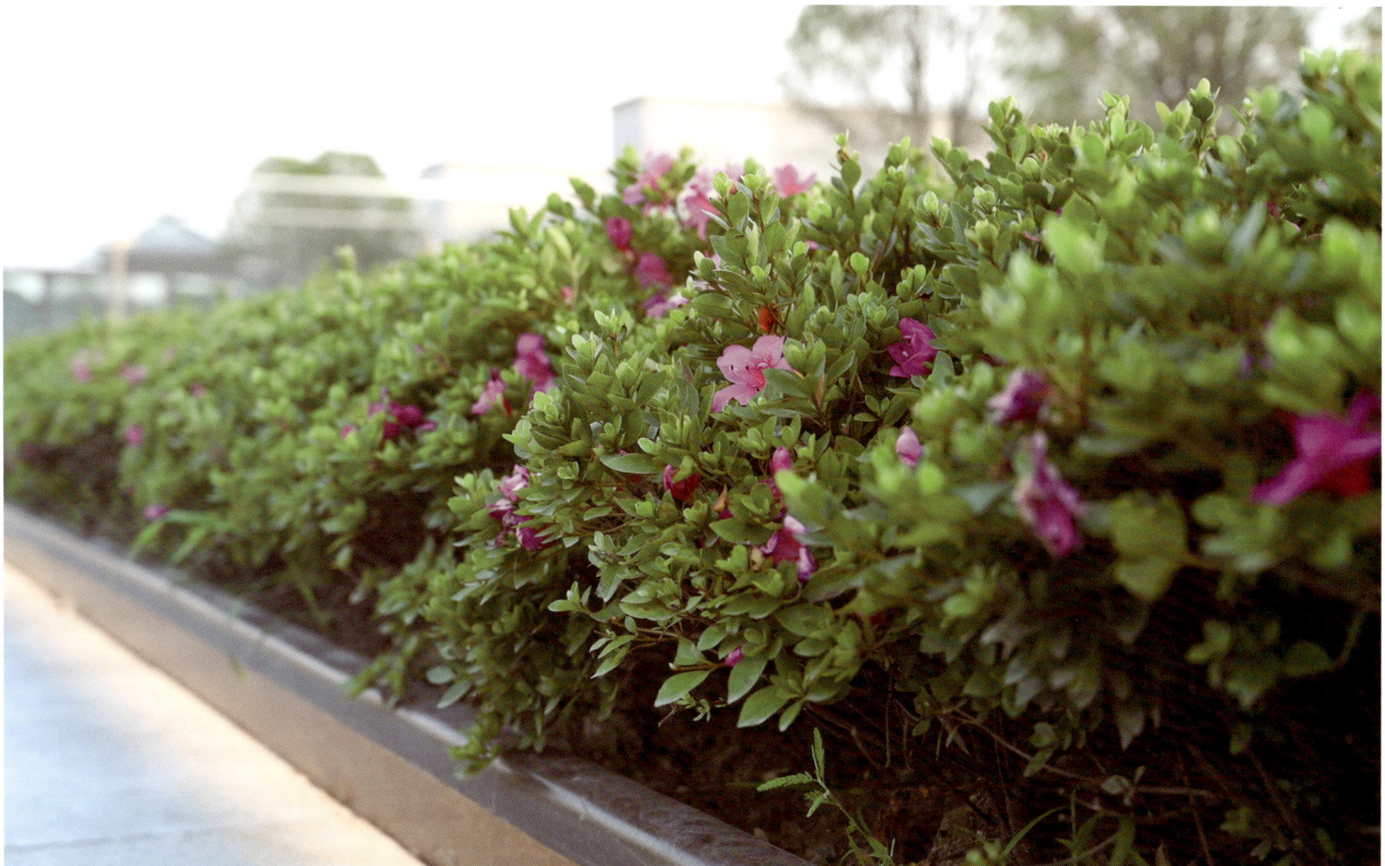

第三章

全流域多视角的展览展示展演

常设展览

大运河——中国的世界文化遗产

因运而生——大运河街肆印象

专题展览

大运河非物质文化遗产

世界知名运河与运河城市

中国大运河史诗图卷

隋炀帝与大运河

紫禁城与大运河

运河湿地寻趣

数字化沉浸式体验展

河之恋

运河上的舟楫

临展厅

中国大运河博物馆展厅面积总计约2万平方米，规划有多个展示空间。展览以大运河发展变迁为时间轴，以大运河的全流域为空间范畴，全时段、全方位地展示大运河的历史与文化，以及运河带来的美好生活。全馆共设有常设展览2个、专题展览6个、数字化沉浸式体验展2个、临展厅2个，以及青少年互动体验项目1个（将在第四章重点介绍）。

展览体系的整体架构，自策划初期到落地实施全方位围绕中国大运河博物馆的定位和宗旨，力求展示手段与服务理念突破创新：除了传统的文物陈列，博物馆还为观众打造了立体多样的展示展演和饶有趣味的互动体验；博物馆将展览策划融入空间与流线设计，在参观路线的变换中注重节奏感，不时给观众带来视觉审美和知识传播的"惊喜"；作为大运河文化带、大运河国家文化公园江苏段建设的标志性项目，中国大运河博物馆以独具特色的主题空间和设计风格，力求实现运河文化知识传播的全面性和差异性；作为新时代文旅融合在大运河文化展示中的创新性尝试，中国大运河博物馆未来将成为重要的运河文化体验空间、公共休闲服务空间，以及不负期待的公众旅游目的地。

常设展览

大运河——中国的世界文化遗产

三千年凿空，五千里水路，南北缀连江湖河，东西联络海陆川，八省市流蕴风物，九州城泽被兆民，吴邗隋堤通济河洛下唐宋，天工巧夺越岭翻山上京杭。中国大运河是我国古代劳动人民创造的一项伟大水利工程，是世界上开凿时间最早、规模最大、线路最长、延续时间最久的人工运河，2014年收入《世界遗产名录》。

遗产本体　解读运河

作为全景展示中国大运河历史面貌与文化价值的通史展，展览分为"运河沧桑、王朝基业""天工慧光、中华勋业""融通九州、社稷鸿业""泽被天下、万民生业""通古达今、千秋伟业"五个部分。前四个部分立足于作为世界文化遗产的大运河本体，观沧桑运河之历史沿革，叹水利工程之天工巧夺，晓国家管理之天下转漕，读万民生业之流蕴风物，依次对中国大运河的开凿历史变迁、水利工程成就、国家社会管理、经济文化生活进行了系统阐释；第五部分则结合大运河漫漫申遗长路，以及大运河文化带和国家文化公园建设的新时代背景，对世界文化遗产的保护、传承和利用做了全方位回顾与展望。

常设展览以紧握历史脉络的叙事方式，着力开拓世界文化遗产的宏观视野，全力撷取运河沿线省市的亮点特色，通过文物、辅助展品、图表、照片、场景、模型等多种手段进行展示，旨在实现全流域、全时段、全方位解读中国大运河。

文物核心　构造空间

展览着重对"遗产"进行展示，设计从展品内容、高大空间、视觉表现三方面展开。

第一，追求真实，强调用"物"说话，以多件大型文物为核心、总数多达一万件的三层展品体系为基础，在设计中摒弃非真实的造景、雕塑等手段，着力于对各类文物的定制化、精细化、艺术化陈列。

第二，构造空间，突出核心展品，充分利用9米层高，围绕多件大型展品构建疏密有序、高低错落、通透关联的高大开敞空间。根据展品特性，搭建丰富多维的参观界面，从多样化空间感受到递进式信息传递的多层收获。

第三，现代极简，聚焦视觉艺术，着重对视觉元素与使用功能加以整合与再造，力求打造整体简洁厚重、细节精致丰富的现代感极强的国际化艺术空间。结合文物，营造多个视觉爆点，形成核心记忆，突出主题内涵。

不动为动　物善其用

展览中最大的亮点莫过于大型文物的展示：有来自开封唐宋汴河河道的超大剖面，内容丰富；有套取于扬州仪征拦潮闸的厚厚的河道堆积，层次鲜明；有整体打包而来的镇江唐代成对船形砖室墓，事死如生；有完整提取而北上扬州的宜兴宋代窑址，融古汇今；还有鉴真东渡处——黄泗浦遗址的一眼眼水井，历史鲜活；再有就是来自徐州"城下城"的道路防水水工遗迹，智慧象征；此等亮点，不一而足。

将"不宜移动"的大型文物变为进入展馆的展品，转不动为动，最大限度地将文物自身价值利用起来，真正让"文物活起来"，可谓物善其用。

知易行难　溯本求源

未雨绸缪，集思广益，组织专家咨询会。展览组先后邀请省内地方博物馆、考古所专家和运河沿线各省文物局、考古所专家就博物馆陈列大纲的编写、相关文物的征集和复制以及与大运河相关的考古工作等主题展开咨询、讨论和研究，全面细致地收集大运河文物信息以及考古工作情况。

目标明确，定位清晰，组建运河考古队。自2018年12月起，南京博物院考古所联合省内地方文博考古单位，开始大运河沿线的考古调查勘探工作。考古队先后实地勘察省内运河遗址点33处，考察调研省外大运河遗址14处，通过实地调查，梳理了大运河沿线具有重要价值的文物点，掌握了运河考古发现情况。此举既为展览文本的编写奠定了扎实的实物资料基础，也为以后开展江苏省大运河的考古工作积累了丰富经验。通过对近年来运河考古工作的调研，考古队选取了淮安河下龙泉瓷片堆积、仪征拦潮闸遗址、黄泗浦遗址等跟运河关系密切又出土大量文物的考古地点，以最真实、最客观的出土文物，丰富展品内容，提升展览内涵。

展览文本不同于考古发掘研究。在"穷尽式"展示资料的初稿基础上，专家评审意见鲜明，要以"展览式语言"去繁存简、去芜存菁，摒弃教科书或研究性报告体例，重在做好展览主题的解读工作，溯本求源、客观展示。展览文本编制组集聚于茅山脚下的江南工作站，摒除纷扰、俯首案牍、青灯黄卷、昼夜不舍，遍查文献、对比实践，各抒己见、择善而从，几易文稿、常逾子时，文本遂成。

科技共享　沉浸体验

除却大型文物的体量刺激和直观感受，常设展览中又创新性地设立了独特的沉浸式体验空间。依托先进科学技术，凤凰出版传媒集团《现代快报》社利用融媒体技术策划制作了"5G 大运河沉浸式体验区"。

5 面大屏的立体沉浸空间，一部裸眼 3D 视频，让观众仿佛站在船头乘风破浪，身临其境逛杭州拱宸桥、品扬州早茶……千里运河画卷近在咫尺，两岸烟火气息触手可及。"5G+VR｜720°直播大运"依托 5G 信号，以全景视角实时呈现运河生态之美；"千亿像素看大运"，用大像素技术俯瞰运河水乡，带来极致超清的视觉震撼和奇妙体验。

在这里，现代科技赋予"大运河——中国的世界文化遗产"全新的生命力。

大运河——中国的世界文化遗产

THE GRAND CANAL OF CHINA
A WORLD CULTURAL HERITAGE SITE
大運河――中国の世界文化遺産
대운하――세계문화유산

序厅

第一部分 运河沧桑、王朝基业——大运河的历史变迁

　　中国大运河开凿于春秋晚期,隋朝时第一次全线贯通,元朝完成第二次大沟通。它是世界上唯一一个为确保漕运安全,达到稳定政权、维持统一的目的,由国家开凿和管理的人工运河。历经两千余年的持续发展与演变,它沟通了国家的政治中心与经济中心,对促进经济繁荣、文化交流和科技发展发挥了不可替代的作用。

展厅内景

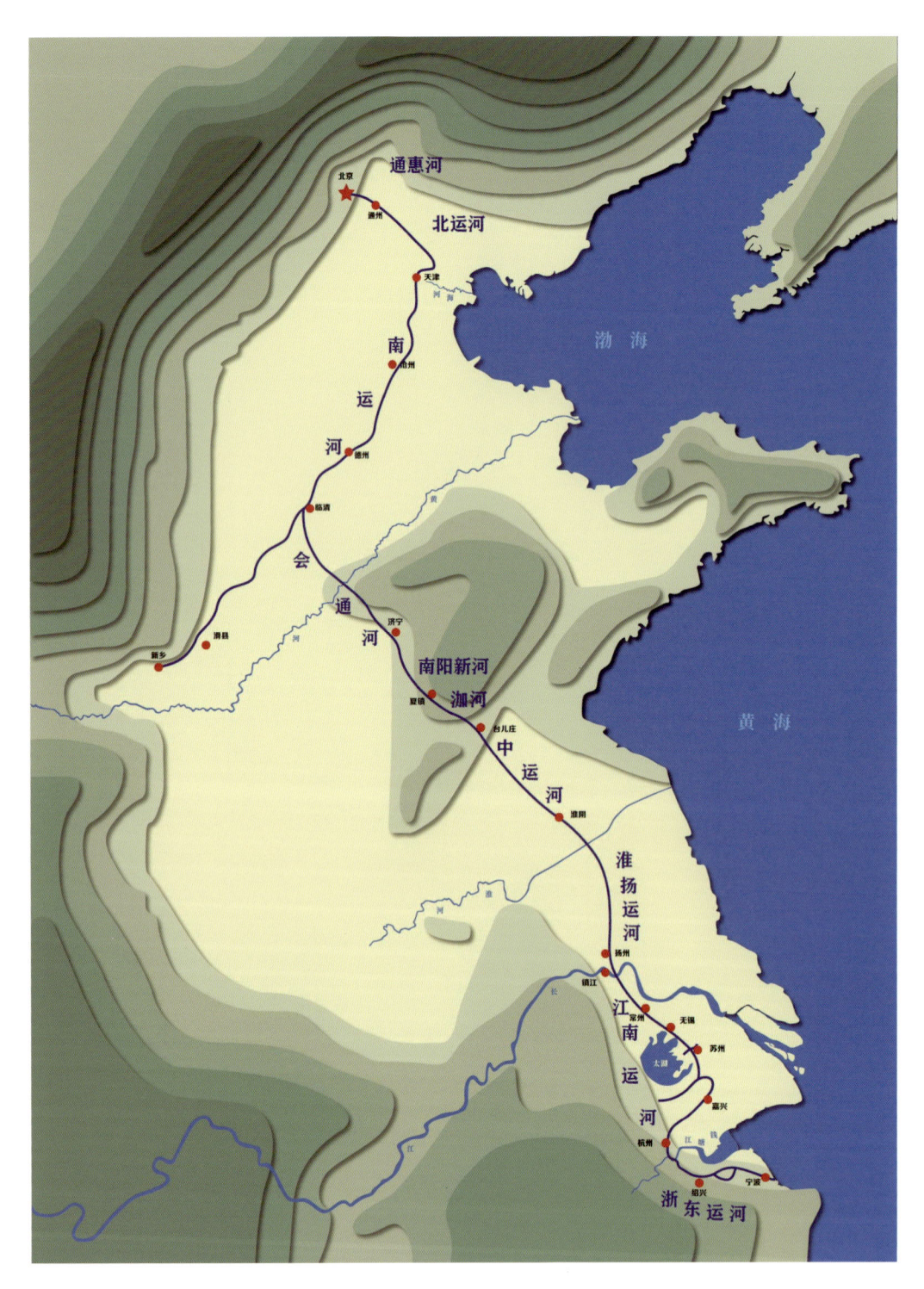

历代运河电子沙盘

三国东吴第一城——铁瓮城高，道路纵横

丹阳陵口镇萧梁河畔，南朝帝陵石刻守望千年

州桥明月·汴河沧桑，唐宋至明清时期汴河河道的堆积剖面

第二部分　天工慧光、中华勋业——大运河的科技成就

虹桥飞架，转漕咽喉

　　大运河是人类历史上超大规模水利工程的杰作，以其世所罕见的时间与空间尺度，证明了人类的智慧、决心与勇气。各具特色的高水平工程规划，出现在不同的水资源和地形地质条件的区段，综合解决了汇水、引水、节水、行船、防洪等难题，大运河由此成为沟通南北、疏通全国的交通网络。按照工程系统类别分类，水源工程、水道工程、工程管理设施和运河附属建筑等组成了大运河遗产的基本框架，是中国传统水利科技成就的集中体现。

江北第一闸——仪征拦潮闸河道堆积

日常用器·仪征拦潮闸遗址出土文物

湖水放一寸，运河涨一尺——丹阳练湖水柜示意图

运河水脊·左右逢源，会通河南旺分水枢纽模型

第三部分 融通九州、社稷鸿业——大运河的社会作用

隋代回洛仓模型

大运河的国家管理始于春秋，兴于隋唐，盛于明清，内容纷繁复杂，涉及职官机构、漕运仓储、钞关邮驿与闸坝船政等诸多方面。国家兴衰与运河命运休戚与共，运河通则王朝兴、王朝衰则运河废。大运河贯通了南北江河，也连接了海陆内外，促进了中华文明与世界文明的交流互鉴，铸造了中华民族多元一体、开放包容的精神特质。

通江大口·张家港黄泗浦遗址出土文物

漕运总督部院模型、《乾隆南巡图》展柜

第四部分 泽被天下、万民生业——大运河的经济文化

画舫

    大运河，不仅是粮食、盐铁等物资运输的交通保障，更是沿岸腹地经济、文化交流的重要通道，对沿岸各级市镇的兴衰、新旧社会形态的更迭、民间风土人情的移化、中外经济文化的交流等产生了不可磨灭的影响。大运河影响都城的选址与规划，也影响沿线工商业城镇的兴起与衰落，塑造了沿线一代代人"逐水而居，枕水人家"的生活方式，衍生出丰富长久的经济、社会、文化价值。

镇江唐墓、宜兴宋代砖窑

镇水兽展柜

第五部分 通古达今、千秋伟业——大运河的保护传承

中国大运河，5面裸眼3D沉浸式视频

　　大运河是"流动的文化"，是运输水道，是经济带，也是丰富多彩的城镇带、文化带，更是传承中华文明和凝聚民族精神的重要标识。大运河申遗成功是文化遗产保护的新起点。发掘好、利用好丰富文物和文化资源，让文物说话、让历史说话、让文化说话；推动中华优秀传统文化创造性转化、创新性发展，建设与民共享的公共文化空间，惠及百姓、造福人民。

5G+VR | 720°直播大运
Live streaming the Grand Canal with 5G signal, VR plus full 720° panoramic view

5G+VR | 720° 直播大运

　　架设在瘦西湖五亭桥对面的超清VR摄像头，通过5G信号实时将美景传输到展馆里。动动手指，720°运河美景尽在眼前。

千亿像素看大运
100 Billion Pixels of the Grand Canal

千亿像素看大运

　　放大、放大、再放大！用千亿级别大像素，俯瞰苏州山塘"人家尽枕河"的运河水乡美景。河畔街角暗藏着29处VR视频，带你游览繁华的七里山塘。

南朝石刻与汴河河道剖面

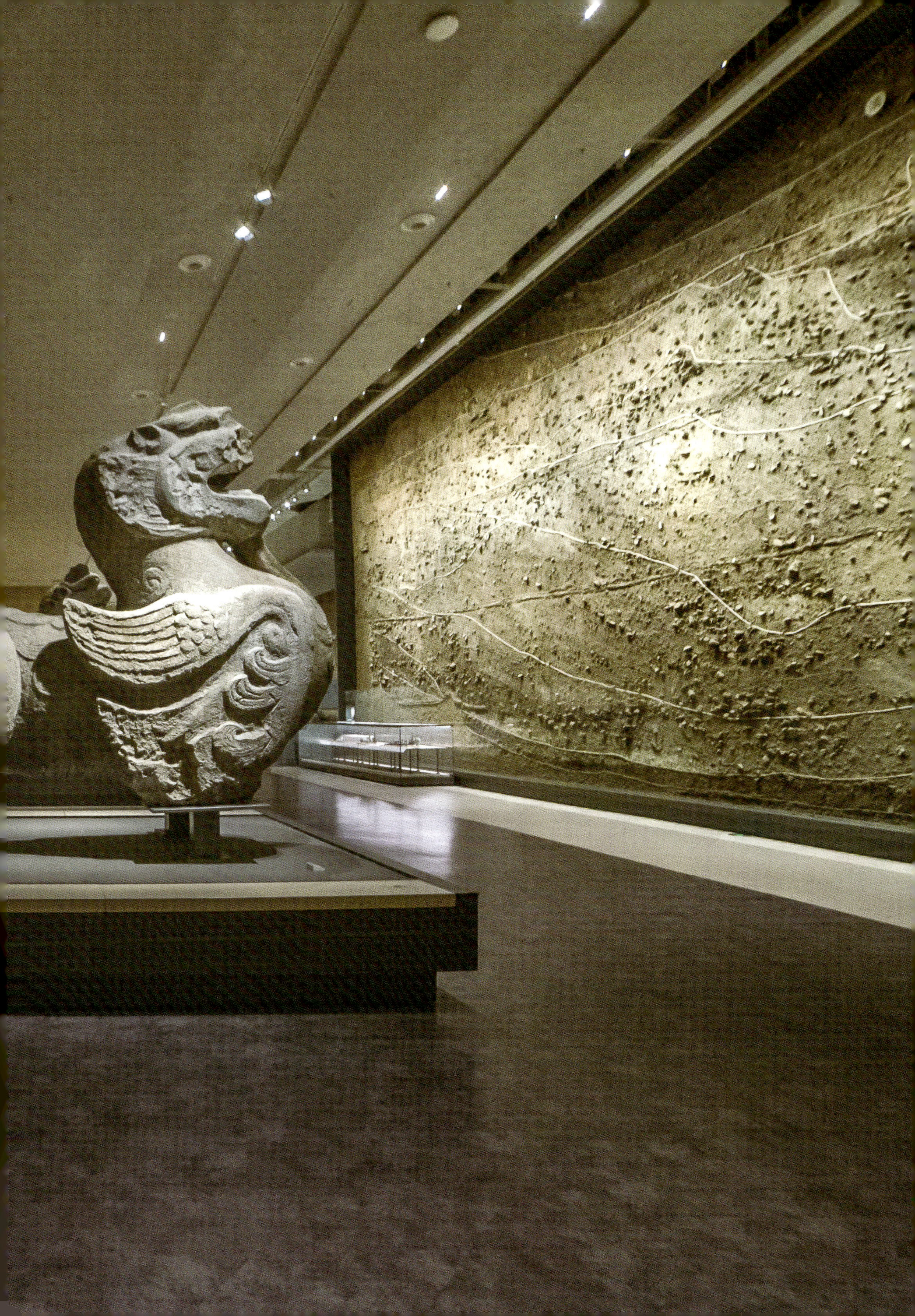

唐墓与宋代砖窑

宋代砖窑（局部）

汴河河道堆积剖面（局部）

仪征拦潮闸河道堆积（局部）

回洛仓模型（局部）

体现民间信仰的展品

因运而生——大运河街肆印象

"因运而生——大运河街肆印象"展厅是中国大运河博物馆两个常设展厅之一，展厅面积约 3100 平方米。展览构思之初便确定要区别于常规展柜的陈列模式，以"城市历史景观再现"的模式打造一个有历史场景和真实业态、让观众可以互动体验的展厅。

中国大运河流经北京、天津、河北、山东、河南、安徽、江苏、浙江等 8 个省（直辖市），联系了中国政治中心与经济中心，沿线因运河之便利衍生、发展出的城镇与村落，类型丰富，数量众多，灿若银河，为我们留下了宝贵多样的有形和无形文化遗产。展览立足于呈现不同历史时期大运河沿线的城镇景观，反映运河沿线人民的勤劳智慧与美好生活。

展览从时间、空间、有形和无形四个维度来展现主题，时间跨度选取了隋唐宋时期、元明清时期两个时间段，空间范围则覆盖了隋唐大运河、京杭大运河和浙东运河河段。展览以时间、空间两条线复原历史街景及建筑空间，引入真实的业态展现非遗项目，以广阔的视角解读大运河的历史、社会、经济、文化等多个方面。

展览分为四个部分，第一部分"盛世东都、汴水繁华"表现的是隋唐宋时期大运河沿线重要的城市。其中，第一单元"洛阳印象"以隋唐洛阳城为原型展示坊市贸易的繁华景象，第二单元"东京梦华"呈现了突破里坊制后宋汴京城自由的夜市生活。

第二、三、四部分则合力呈现元明清时期京杭大运河和浙东运河相关的城镇，按照两段运河沿线城镇的空间分布由北向南依次展开。第二部分"财赋京师、富甲齐鲁"表现的是京杭大运河北段以北京、山东等地为代表的运河城镇景观，以"北方街市""民居生活"两单元对比表现北方商业街的热闹街景以及胡同四合院的静谧生活；第三部分"漕运枢纽、往来盐商"表现的是京杭大运河中段的重要城镇，"通达南北"单元以南船北马、千年邮驿分别表现淮安作为漕运枢纽的重要地位以及高邮的邮驿文化，"淮扬风物"则呈现了扬州地区的盐商文化以及高超的扬州工艺；第四部分"人文江南、鱼米水乡"表现的是京杭大运河南段以及浙东运河沿线以苏杭为代表的城镇风貌，"锦绣文章"重点介绍江南丝织业的兴盛发达，"物阜民丰"侧重表现鱼米之乡的繁荣商业，"烟雨水巷"则呈现了水乡特有的小桥流水、枕河人家等市井风貌。展览最后定格在运河入海场景前，为观众勾勒了一幅运河城镇的历史画面。

展厅入口以船行至岸边开始，以一条主街将四段串联，沿街建有商铺、作坊、酒楼、书茶馆、邮驿、钱庄、医馆、药铺、戏台、当铺、粮仓、救熄会、织造署、天后宫等公共建筑，沿支巷、河道建有四合院、盐商住宅、河房等民居建筑。建筑以两层为主，南段水陆并行，以拱桥、过街楼、天桥等形成了水陆立体交通展线。观众可以漫步街道，在商铺购买沿运河流通的各类南北货；在书茶馆、戏台观看各类曲艺表演；在酒楼、茶馆、糕点铺品尝美食、观赏街景；在彩楼欢门、牌坊戏台、虹桥拱桥处拍照留念；通过宴饮场景、南船北马、盐商住宅、十里红妆等布展，以及古装租赁、投壶游戏、手工制作等各类互动体验项目了解不同时期运河沿线的民风民俗和各类文化。南段以先进科技手段模拟真实的自然环境，让观众能感受白天黑夜以及晴雨天气，听到各地方言叫卖声以及各类自然和市井生活的喧闹之声。展览以真实的视觉、触觉、味觉、嗅觉、听觉体验，从多个维度让观众身临其境，开启一场穿越时空之旅。

天幕视频

67

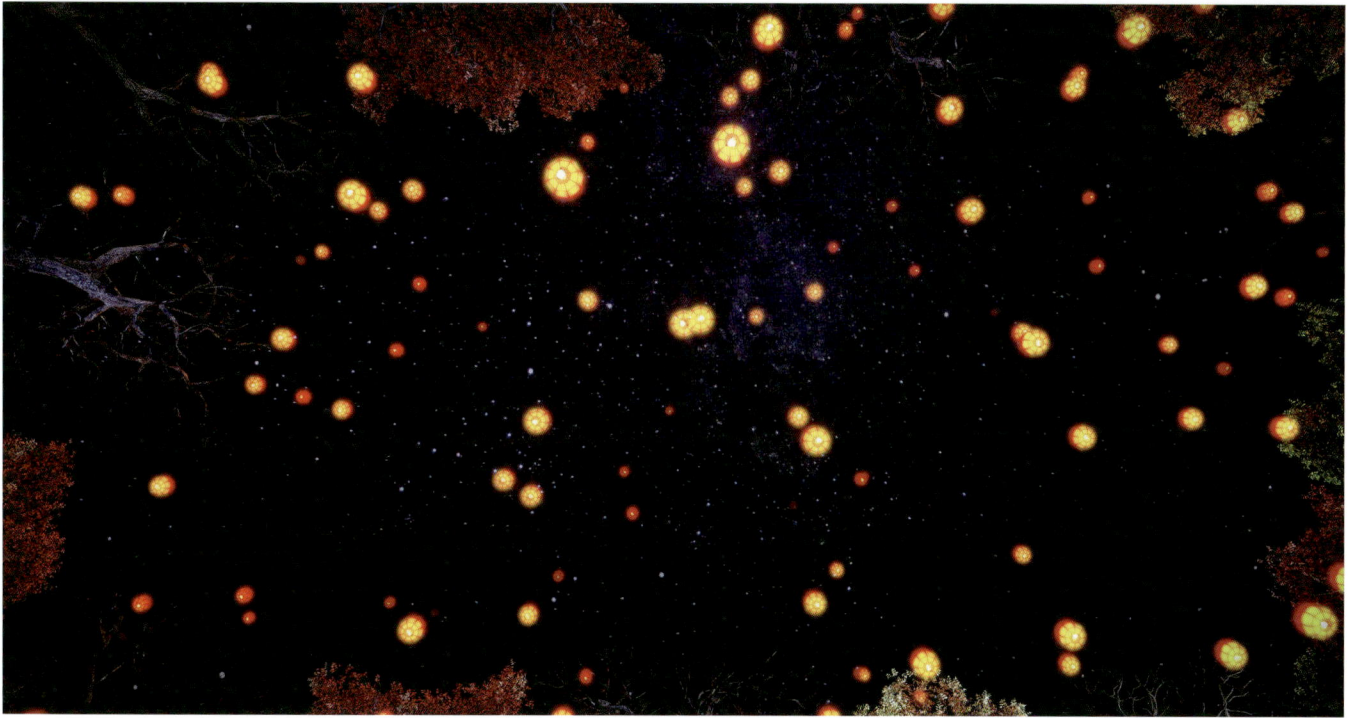

上层平面图

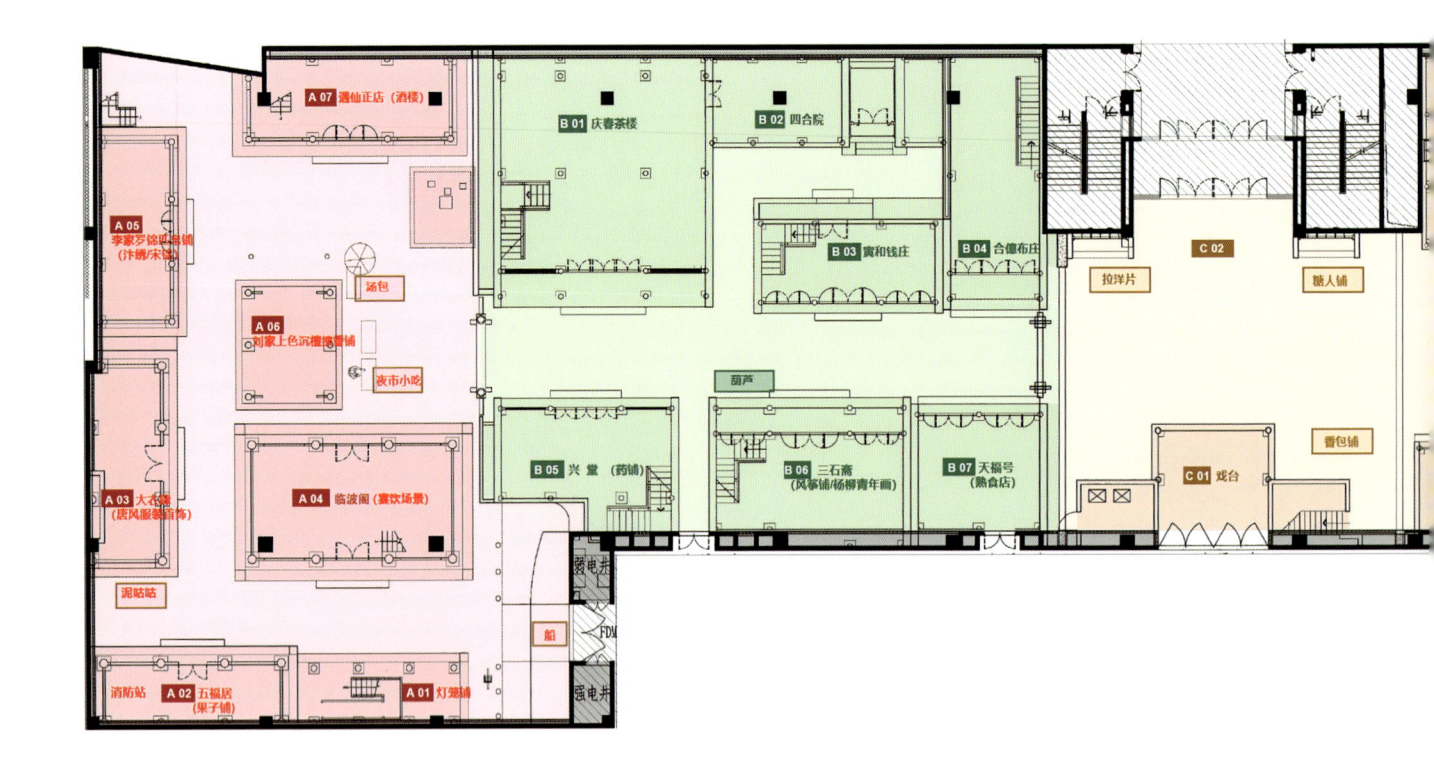

- A 07 遇仙正店（酒楼）
- A 05 李家罗锦匹帛铺（汴绣/宋锦）
- A 06 刘家上色沉檀拣香铺
- A 03 大衣祥（屏风服装首饰）
- A 04 临波阁（宴饮场景）
- A 02 五福居（果子铺）
- A 01 灯笼铺
- 汤包
- 夜市小吃
- 泥咕咕
- 消防站
- 船
- 强电井
- FDM

- B 01 庆春茶楼
- B 02 四合院
- B 03 寅和钱庄
- B 04 合像布庄
- B 05 兴堂（药铺）
- B 06 三石斋（风筝铺/杨柳青年画）
- B 07 天福号（熟食店）
- 葫芦

- C 01 戏台
- C 02
- 拉洋片
- 糖人铺
- 香包铺

下层平面图

- A 07 家具漆化居
- A 05 北山子茶店
- A 06
- A 03 瓷器
- A 04 雕版印刷、线装书、文房四宝
- A 02 全盛纸马（朱仙镇年画）
- A 01 灯笼铺

- B 01 庆春茶楼
- B 02
- B 03/B 04 皮影制作/展演（互动）
- B 05 兴堂（药铺）
- B 06 三石斋（风筝制作互动体验）
- B 07 仓库（备用区）

- C 01 戏台
- C 02

68

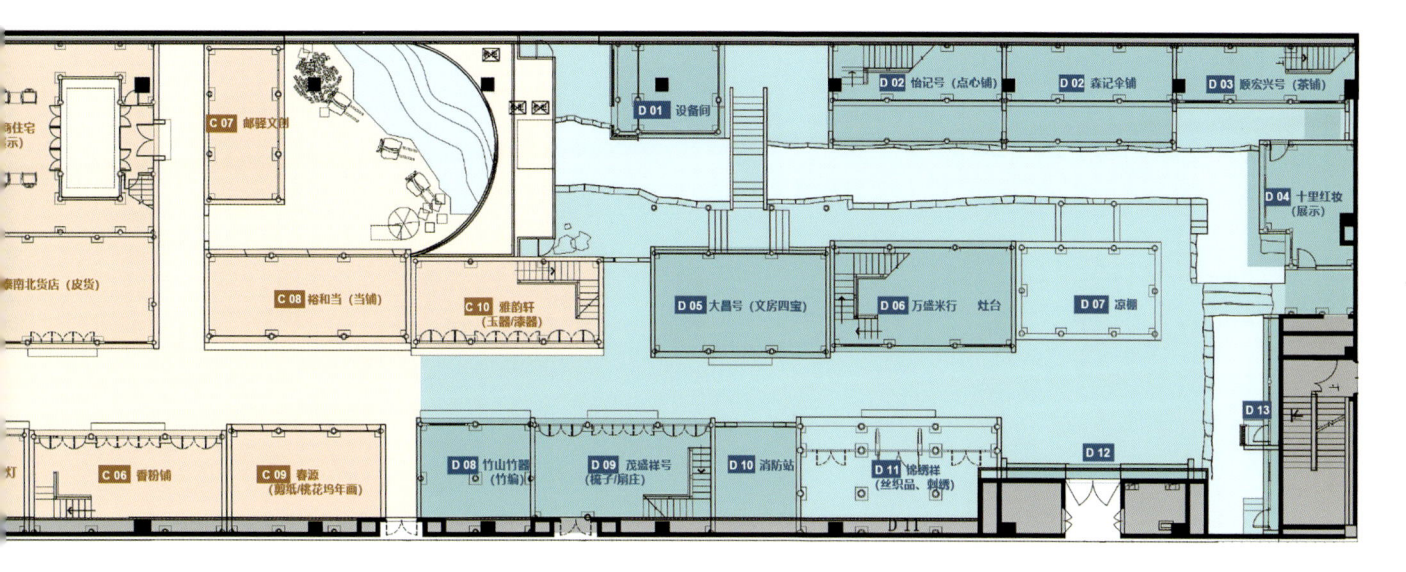

一层展区平面图

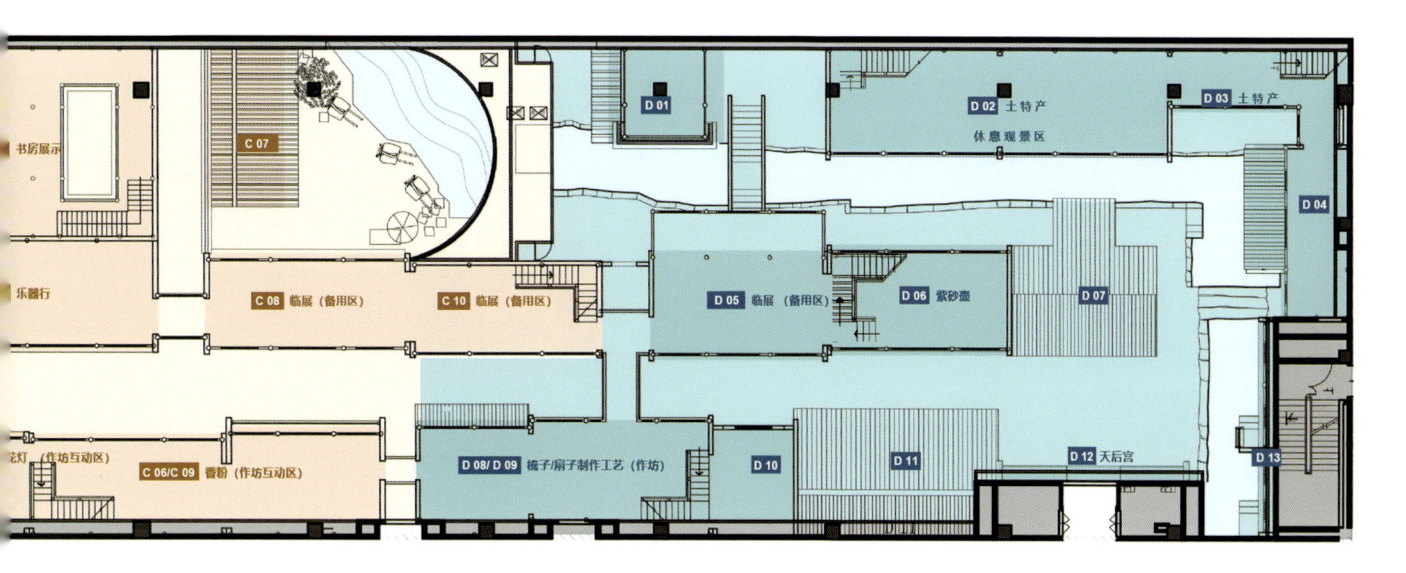

二层展区平面图

自入口起，依次是"盛世东都、汴水繁华"（A区）、"财赋京师、富甲齐郡"（B区）、"漕运枢纽、往来盐商"（C区）、"人文江南、鱼米水乡"（D区）四个分区，力图再现大运河沿线城镇的历史景观。

69

第一部分 盛世东都、汴水繁华（A区）

A区

以隋唐时期洛阳城为参照原型，街道宽阔，楼阁飞桥，展现洛阳的盛世气度以及坊内集市贸易繁忙的景象。

以北宋汴京城为参照原型，以《清明上河图》《东京梦华录》等史料为依据，复原宋代夜市街景，以正店酒楼、彩楼欢门、商铺伞摊表现里坊制解体后汴河两岸自由的贸易生活。

展厅入口

展厅自唐船行至运河岸边开始,入眼即洛阳坊市街景。

宴饮场景

唐代举办宴会已非常普遍，常常以酒为主、以菜为辅。宴饮多有歌伎、舞伎相伴，并辅以投壶和酒令等小游戏助兴。

隋唐商街

　　隋唐洛阳城借大运河水运之便利，不仅巩固了政治中心的地位，还成为全国的经济中心和物资集散地。城内里坊井然，坊市内百业繁华，盛况空前。陶瓷、丝绸、茶叶等重要商品通过运河汇集至此，继而销往西域、朝鲜半岛以及日本等地，促进了中外交流。

隋唐商街（局部）

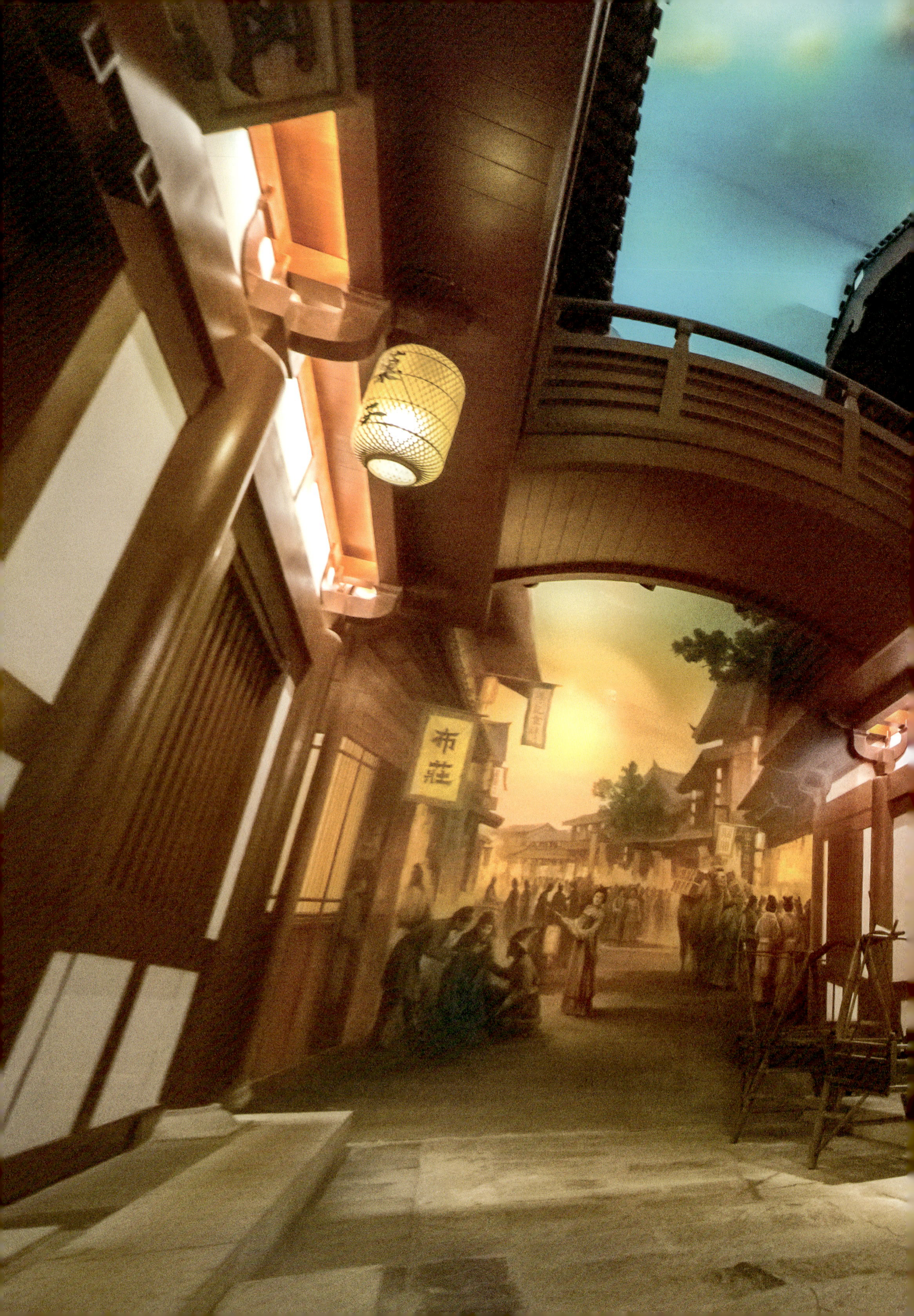
布莊

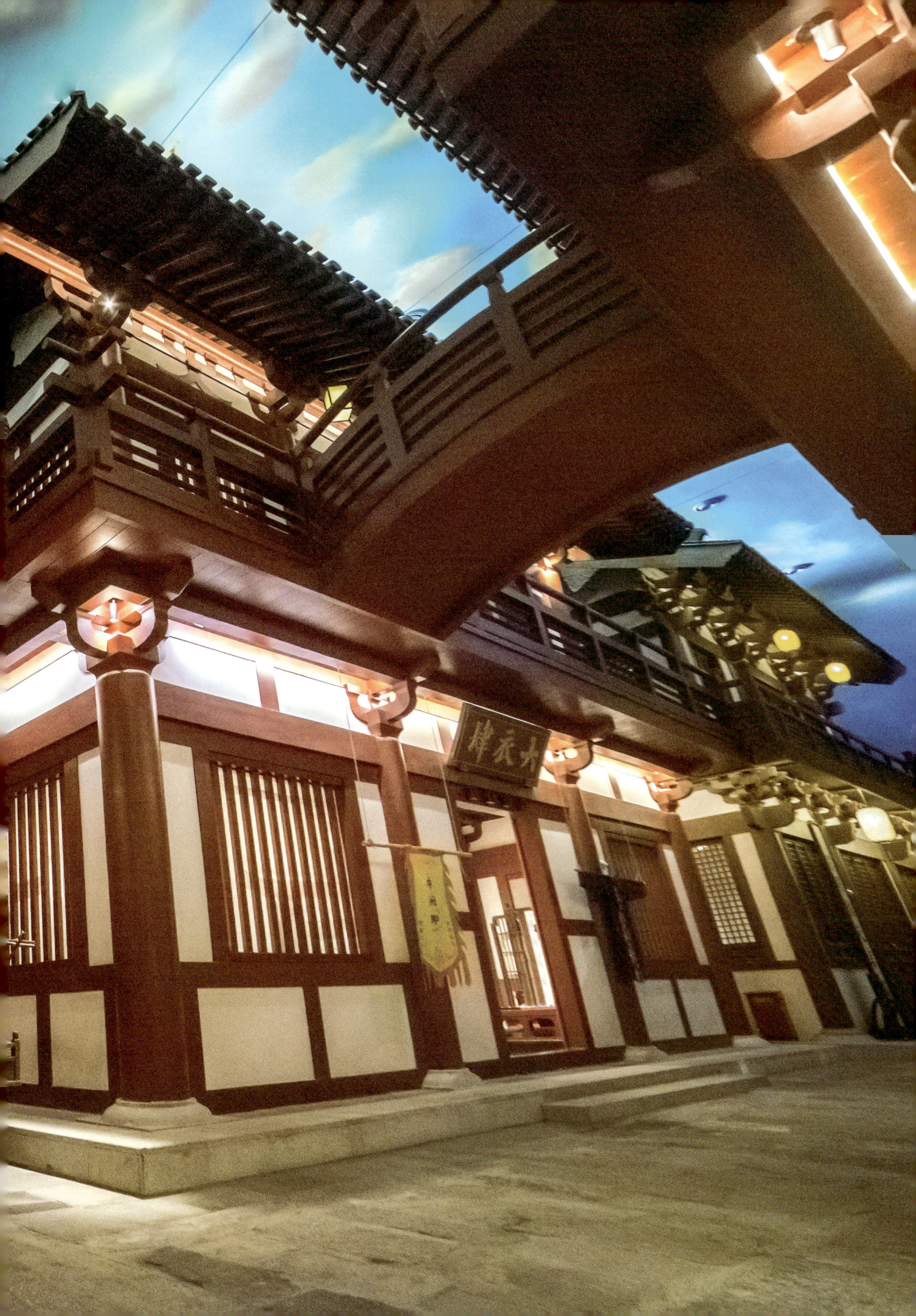

宋代酒楼

北宋时期酒文化发达，汴京城内酒楼鳞次栉比。拥有酿酒许可证的豪华大酒楼，称为正店。当时的酒楼饭店多以华美的彩楼欢门装潢门面，吸引顾客，招揽生意。

乌头门

乌头门的形象最早见于初唐敦煌壁画，主要作为私人住宅、庭园、寺庙、宫苑等院门，等级较高。

夜市小吃

随着宵禁制度的解除，宋代的夜市生活充满生机。这里商品繁多，尤其以各类小吃最为丰富多彩。

第二部分 财赋京师、富甲齐郡（B区）

B区

以京杭大运河北段城镇为参照原型，表现明清时期北方热闹的商街景观和静谧的胡同生活。

"胡同"一词源于蒙古语,原意是"井",指代"人们聚集生活的地方"。老北京胡同融入了百姓生活的千滋百味,是喧嚣闹市外的一片静谧空间。

北方商街

繁华热闹的北方商街，两侧传统商铺林立，街头以一座老北京牌坊标识起始。

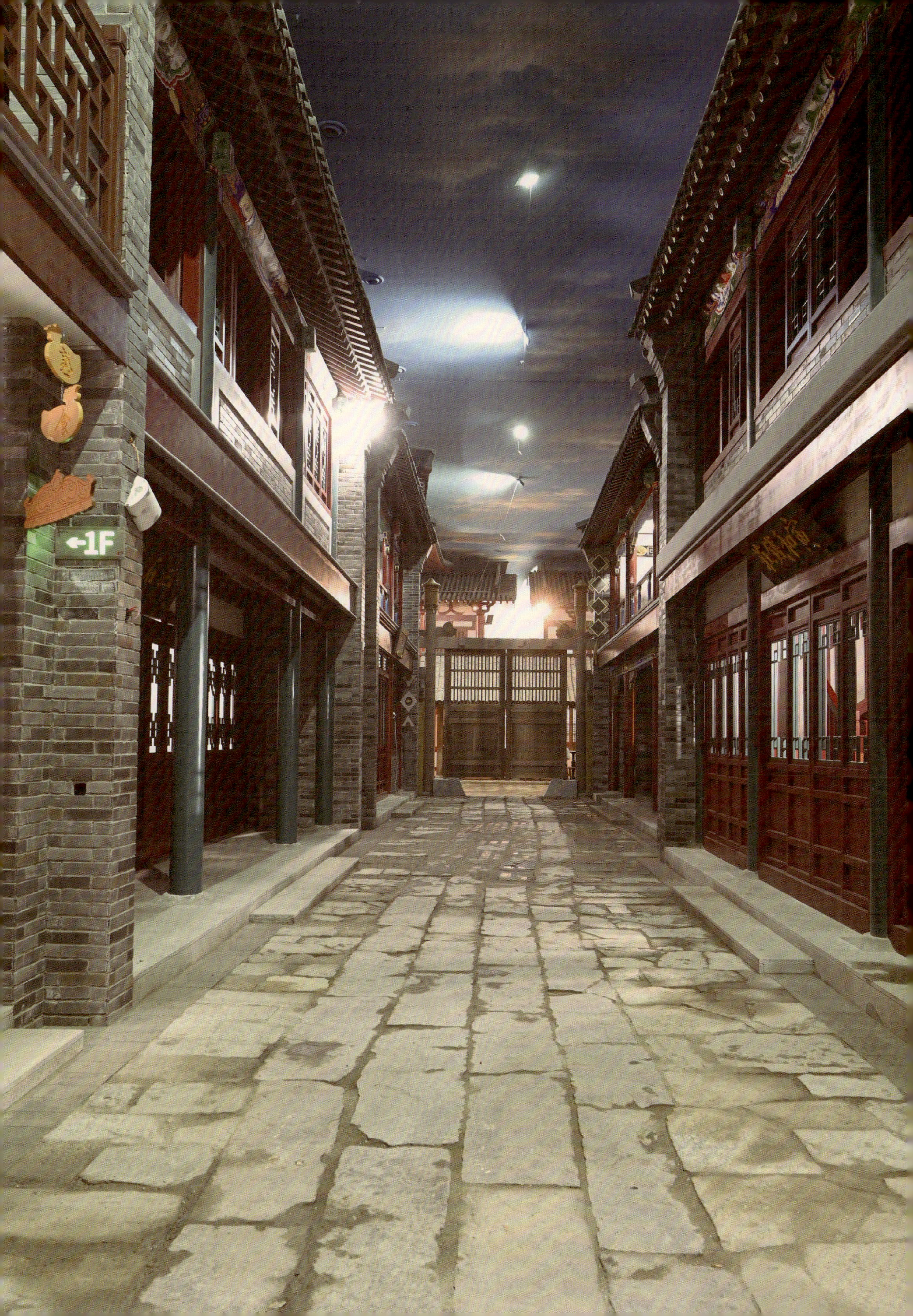
←1F

书茶馆

清末民初,北京出现了以评书表演为主业的书茶馆,上午卖清茶,下午和晚上请艺人临场说评书、唱鼓词。书茶馆中可以体验老北京的休闲时光。

钱庄

钱庄,又称银号、票号,起源于明朝中后期。大运河沿线城镇开设的钱庄见证了大运河带来的经济发展和商贸繁荣。

第三部分 漕运枢纽、往来盐商（C区）

C区

以京杭大运河中段城镇为参照原型，重点表现运河漕运枢纽城市淮安和盐业中心城市扬州，以商街、戏台、盐商住宅、码头、邮驿等展现这里的运河文化。

运河古都淮安是重要的漕运管理城市,也是运河南船北马交汇之地。此处展陈采用多媒体影像和码头实景,表现大运河沿岸繁忙的水陆转运景象。

淮扬商街

扬州借大运河的交通便利，明清时期发展成为中国最重要的盐业中心。淮扬地区的各类工艺品均以精工闻名，通过大运河销往运河沿线城市或作为贡品上贡朝廷。

盐商住宅

扬州的因盐而兴、因运而兴离不开盐商。扬州盐商贾而好儒,资本雄厚,生活精致奢华。盐商住宅体现了盐业经济带来的高度商业文明和精湛建筑技艺。

"南船北马"背景视频

清朝规定清江浦以北的运河只许漕船通行,旅客货物在此换车马舟船,往北走陆路,往南走水路。故淮安扼南北咽喉要道,素有"南船北马、九省通衢"之誉。

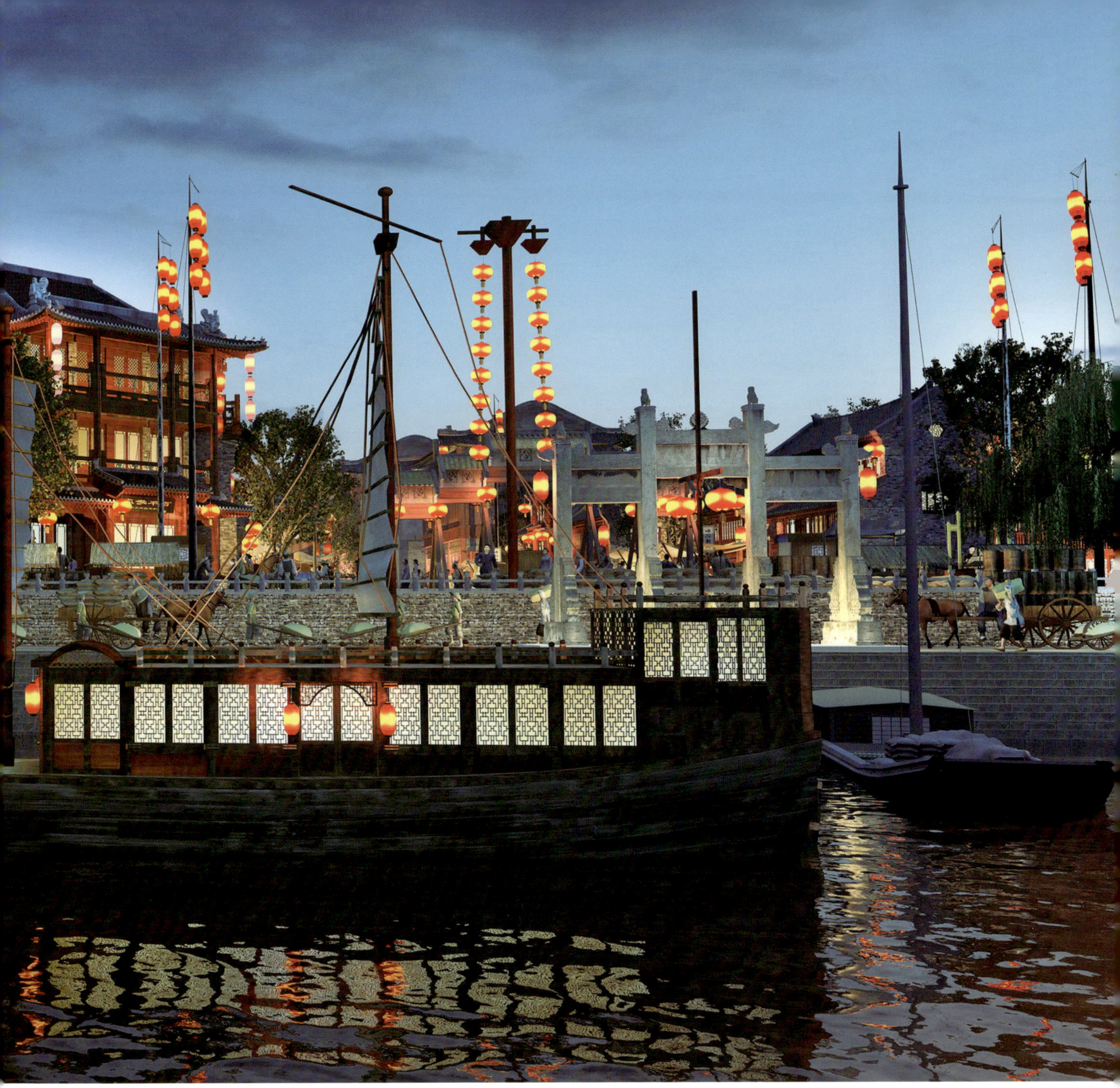

"南船北马"背景视频

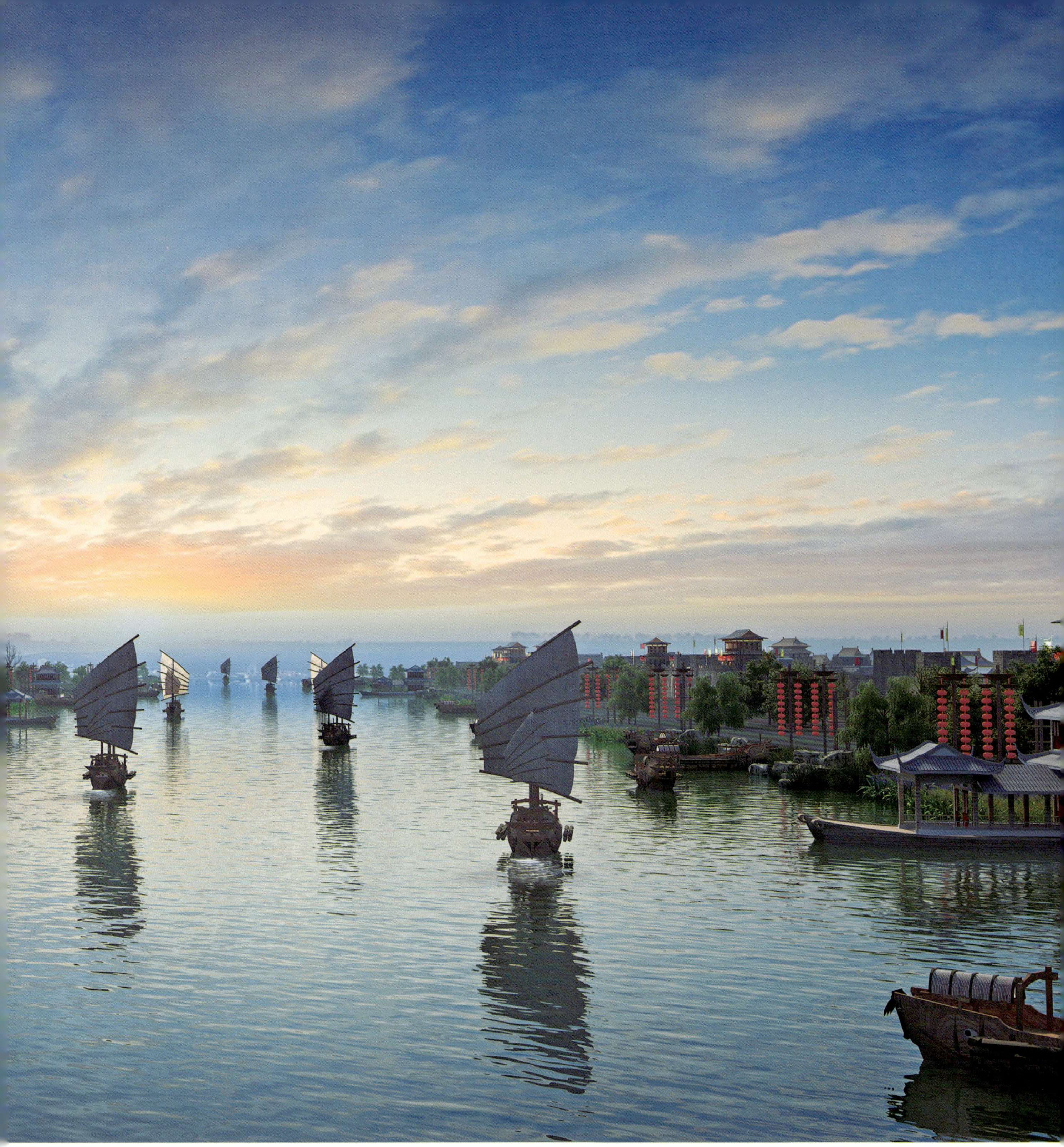

第四部分 人文江南、鱼米水乡（D区）

D区

　　展厅以京杭大运河南段、浙东运河城镇为参照原型，重点表现运河沿线的江南城镇。以水陆并行、百步骑楼、小桥流水、枕河人家等展现烟雨江南。

骑楼水巷

江南临水骑楼高两层，相连成排，底层长廊既方便雨天通行，又可休憩。

江南水乡

江南水网密布,城市交通水陆并行,坐船沿运河水系经水门入城,沿途小桥、流水、人家,尽显水乡风貌。

天后宫

以天后宫,即宁波庆安会馆砖雕门头作为展厅出口,也是商街的终点。

河房

　　河房是江南水乡独特的民居形式，所谓"家家门外泊舟航"。临水设有水码头踏步，可乘舟出入，也方便生活用水。

十里红妆

"十里红妆"是南宋以后流行于宁绍地区的婚俗文化。十里红妆的器具类型丰富,包含生活各个方面。

江南商街

　　江南的运河沿线城镇密集，这里一直是经济中心，商贸繁荣，文化兴盛，手工业发达，青石板老街商铺林立，商品琳琅满目。

专题展览

大运河非物质文化遗产

灵韵流淌，匠心传承，运河流淌着绵延千年的非遗技艺。扬州清曲、京韵大鼓、苏州评弹、山东琴书、昆曲、京剧、木偶戏、皮影戏……声声丝竹，韵味声腔，成了运河两岸百姓娱乐休闲的方式，更滋养了一代又一代人的心田。雕版印刷、笔墨纸砚、核雕、苏扇、云锦、蓝印花布……人们用勤劳的双手和代代相传的工匠精神，创造出巧夺天工的技艺，装点着淳朴安适的生活，碰撞成精彩绝伦的创意，传递给世界形与色的震撼。二十四节气、传统节日、庙会庆典、人生礼仪……充盈着故乡的温度，蕴含着生生不息的情思，寄托着代代相承的美好。

展览分为三个部分。第一部分名为"乐韵流淌"，运河两岸的传统音乐、曲艺、戏剧在舞台上轮番亮相，乐器、戏服、皮影的制作也值得一看，假如满足了耳朵仍意犹未尽，还可以在"唱吧"亮亮嗓子；第二部分"形色天成"，映入眼帘的五彩中点缀着玲珑精巧，年画的印制、核舟的雕刻、苏绣的针法，传承人在中心区现场展示传统美术、技艺的精湛，值得探究；第三部分"民俗万象"，在沉浸式的影音空间中领略节庆民俗，在二十四节气的轮回中寻觅季节的味道，带孩子抓个周或是驻足观摩一下传统的祝寿礼，体验仪式感的同时，顺便听听运河沿岸的方言。

漫步在非遗厅，感受到的是简约雅致的背景，衬托出传统文化在当代的活力。设计理念以人为本，以观众参与体验为核心，考虑不同层次、年龄观展群体的需求，用静态（展品）、活态（展示、展演）相结合的表现形式配以简练的文字描述，突出非遗项目的观赏性，力求内容与形式的高度统一。展厅硬件及空间的多功能性，满足了多样化的展示、展演及体验的需求，突出非遗的过程性展示和参与互动，全方位调动观众视觉、听觉、触觉等多种感官体验。运用创新的思维方式和轻松活泼、简约新颖的设计风格诠释"空间""过程""人"三者之间的关系，描绘大运河两岸非物质文化遗产带来的美好生活。

序厅

第一部分 乐韵流淌

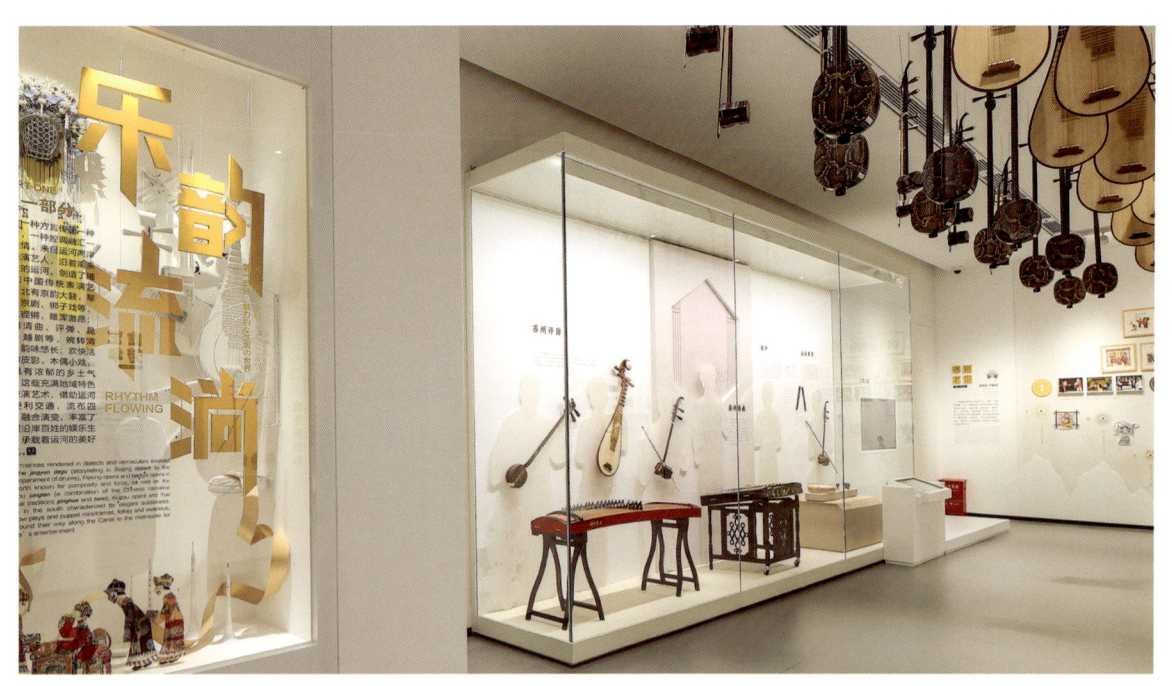

乐韵流淌

曲艺芳华

戏曲服饰

梨园戏台

105

皮影戏台

皮影制作

提线木偶、杖头木偶

木偶戏互动

第二部分 形色天成

形色天成

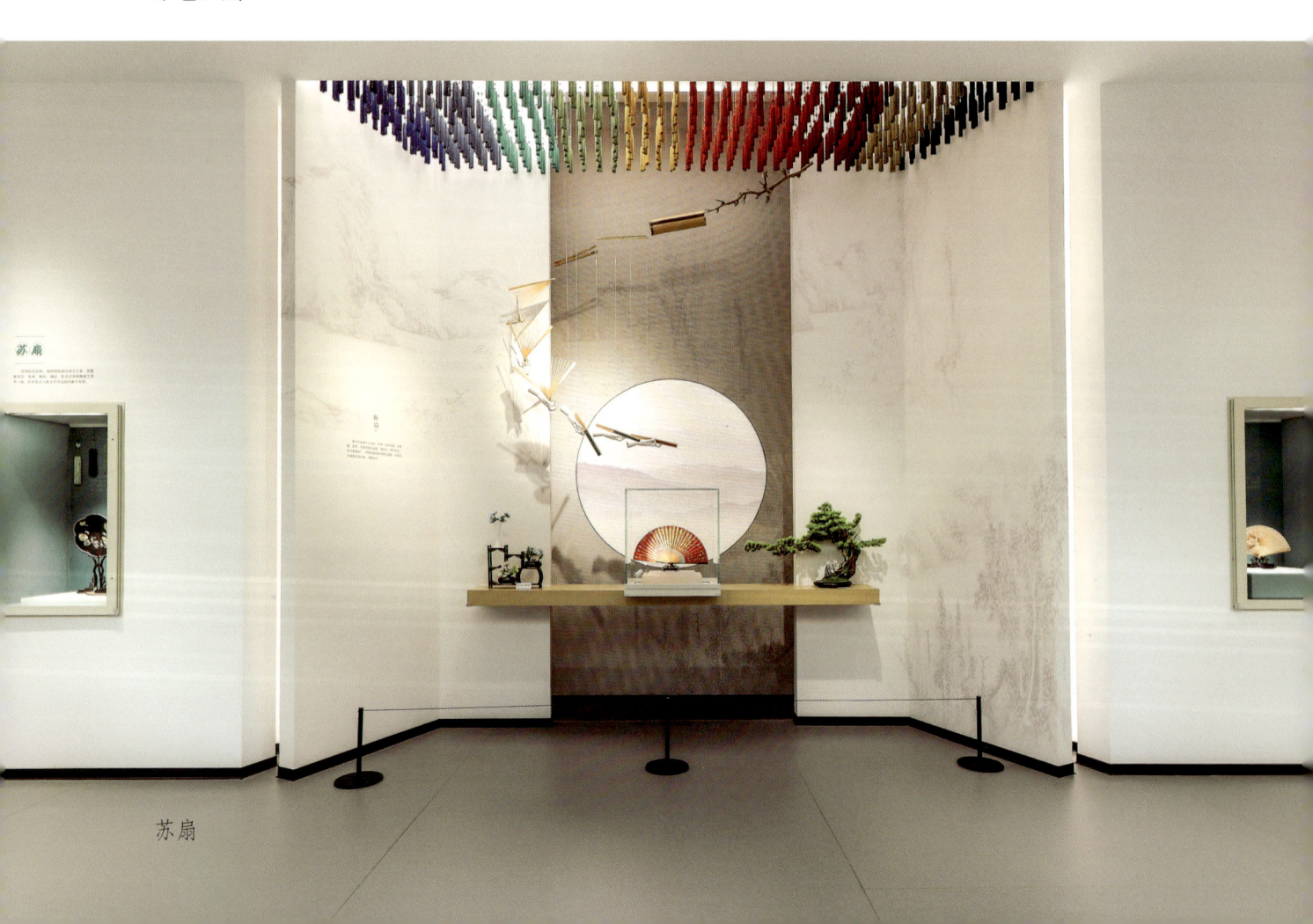

苏扇

活态展示区

妙笔生画

苏绣

缂丝、云锦

蓝印花布

织锦互动

第三部分 民俗万象

民俗万象

"仪美人生"互动墙

方言互动区

抓周体验区

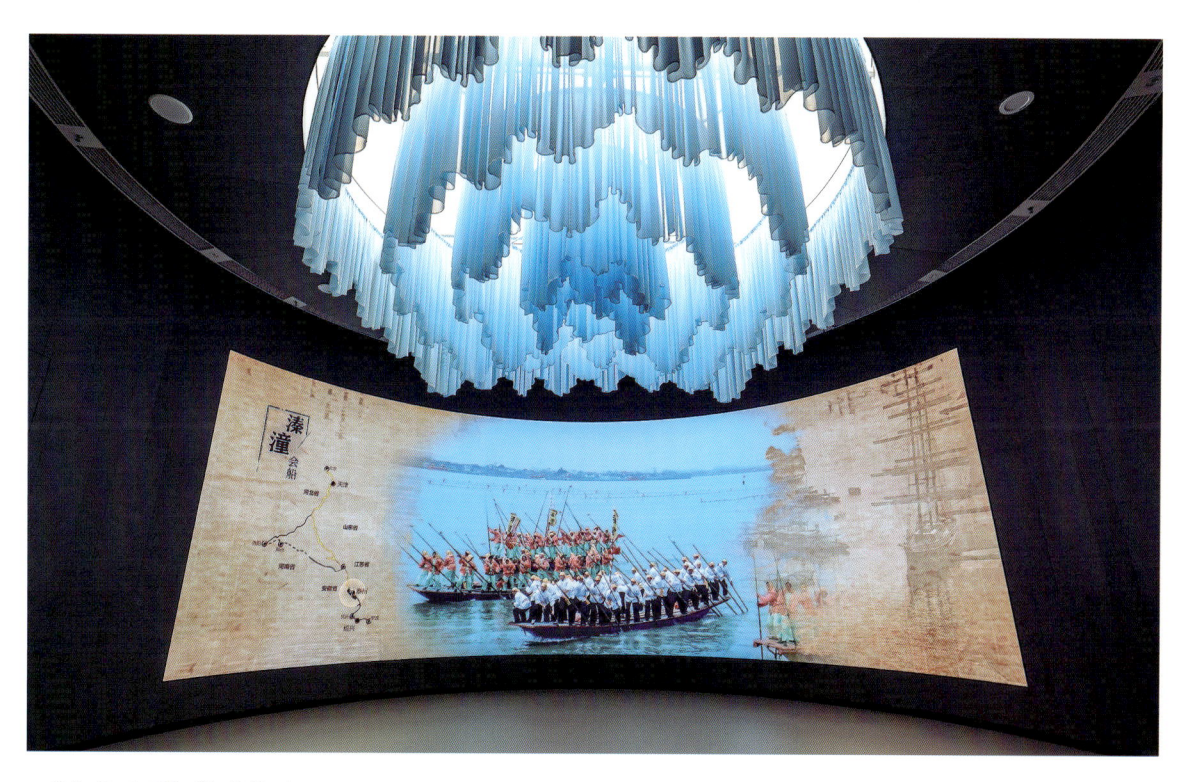

"礼行天下"视听体验

世界知名运河与运河城市

"运河"是具有世界意义的文化遗产。中国大运河之外，两千五百多年来，世界范围内开凿了五百多条知名运河，孕育了三千多座具有运河文化基因的城市。作为世界上最古老的运河城市，扬州在中国大运河文化带建设和世界运河文化史上占有重要地位。中国大运河博物馆聚焦中国大运河遗产价值，也关注世界运河在滋养社会文明、孕育城乡发展、传播科技文化、促进商贸互通上的独特意义。展览"世界知名运河与运河城市"是高质量推进运河文化保护、传承、利用，深化运河文化品牌国际影响力的积极尝试，依托"大运河博物馆联盟"和"世界运河历史文化城市合作组织"（WCCO）的力量，为中国大运河沿线城市和世界运河城市提供交流合作的平台。

"世界知名运河与运河城市"展览以运河为纽带，以具有共同运河文化基因和身份认同的运河城市为主体，从世界遗产、水利智慧和城市风情三个方面，探索世界运河的渊源，诠释运河城市特色。展厅中包括6条世界遗产运河在内的15条代表性运河阐述了世界运河的遗产价值。堰坝、隧道、船闸等水利建筑物是运河和城市沟通的桥梁，展览着重阐释其在路径选取、建设方式、运营管理上凝聚的人类智慧。15座因运而生的代表性城市遍布五大洲，是运河对社会发展、自然生态、人文环境深刻影响的直接反映。展厅中央非固定展陈部分将邀请更多运河城市对话交流，共享发展经验。

序厅

第一部分 世界遗产

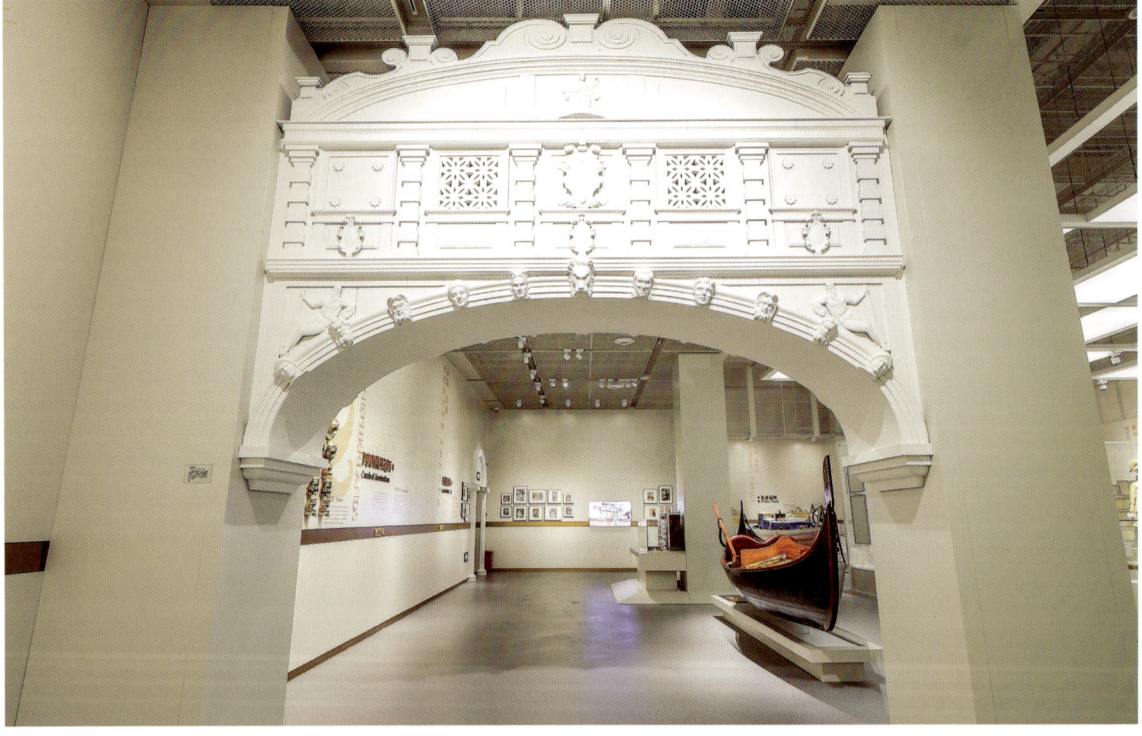

扬州五亭桥与威尼斯叹息桥的对话

第二部分 水利智慧

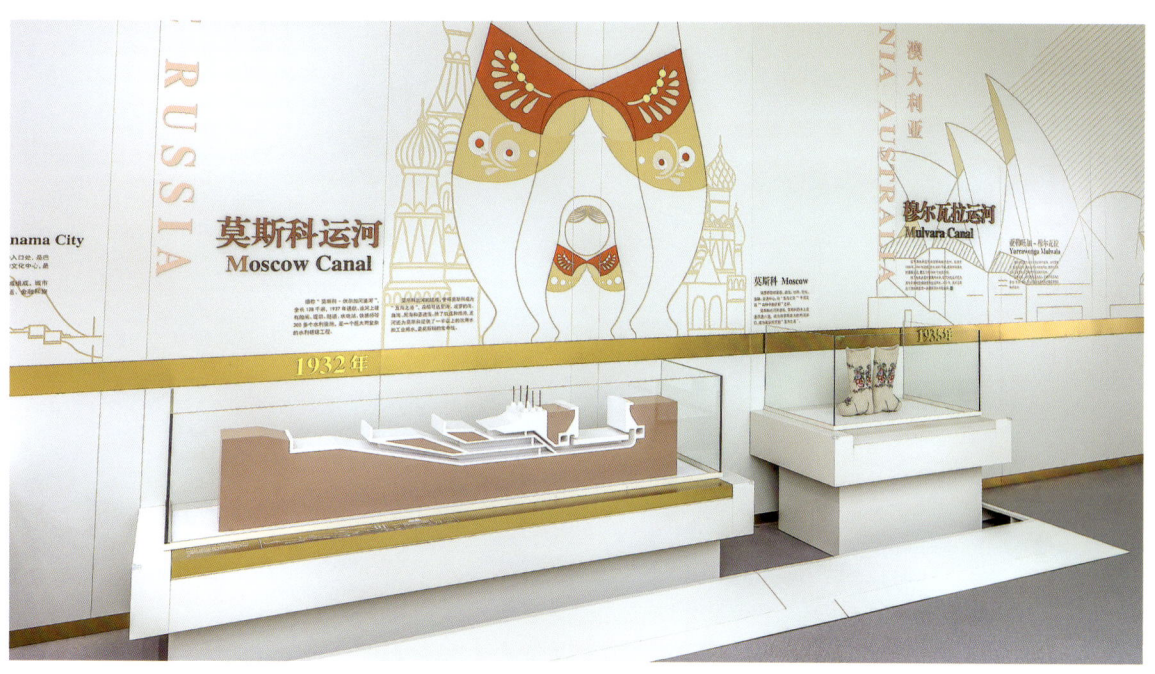

巴拿马运河船闸运行原理剖面模型

里多运河上的渥太华船闸模型

第三部分 城市风情

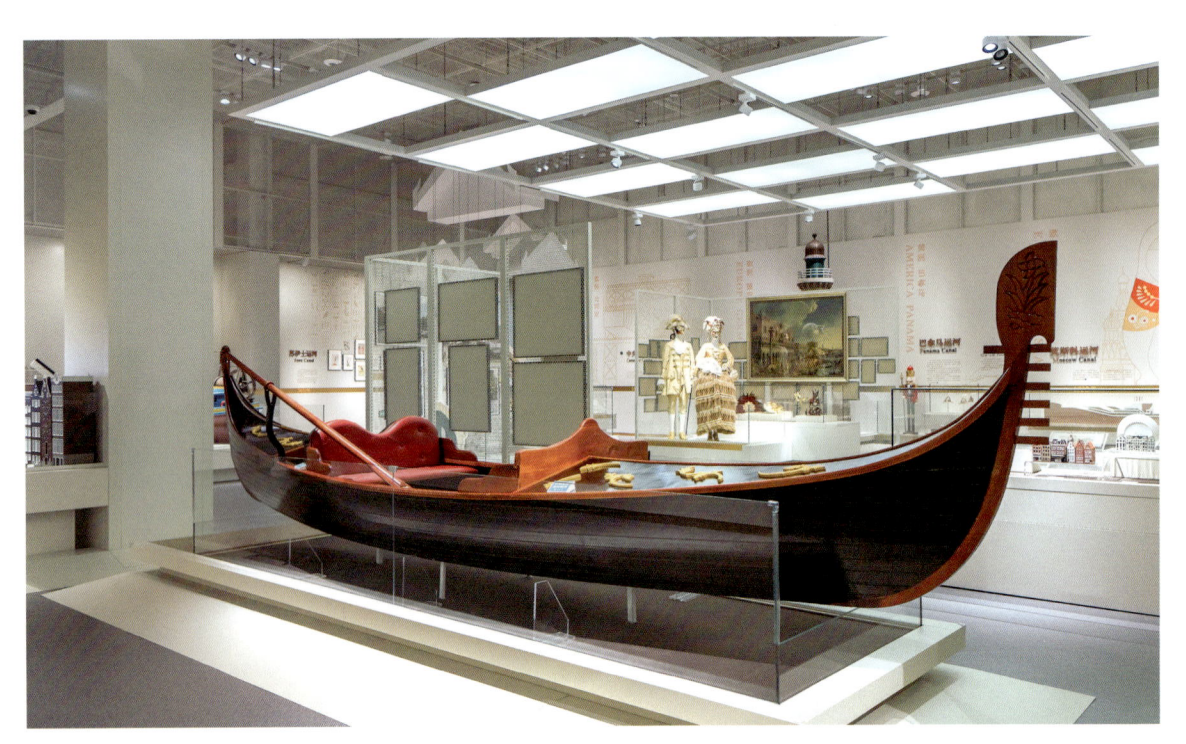

展厅内景

威尼斯贡多拉

威尼斯面具

基尔运河上的霍尔特瑙灯塔模型

展厅内景

澳大利亚回旋镖

阿姆斯特丹运河楼模型

WORLD HERITAGE

WISDOM IN HYDRAULIC ENGINEERING

FEATURES OF CITIES

威尼斯

威尼斯，海
城市，威尼托地
400 多座
座修道院、宫
偶等，传递

图片展示

视频放映

126

"激励者号"拖船模型

丹能沙都水上集市廊桥模型

中国大运河史诗图卷

《中国大运河史诗图卷》是穿越时空凝聚而成的艺术结晶，以浪漫的笔意诉说千年汩汩流淌的大运河故事。画卷总长135米，高3米，其中上卷长43米，下卷长64米，书法题跋长28米，以江苏省书画家为主创成员，大运河沿线8个省（直辖市）的15位书画家共同参与，历时一年半，数易其稿而成。画卷通过全新的视角，从时间、空间、人文、自然等多个维度，将诗、书、画、印和谐交融，分为"中国古代伟大创举"和"新时代辉煌篇章"两部分，勾勒大运河长达2500年的开凿与发展历史，呈现运河沿线的四季自然风物与繁华景象。

展览寻找"百米长卷在有限空间中的最佳效果"与"后期可持续利用的技术支撑"二者间的平衡，以图卷与图像的形式将百米长卷合理排置，画面舒展，动线顺畅，展示与记录了史诗图卷及其创作历程，呈现运河史诗的恢宏气魄，同时也让观众作为历史的参与者和见证者，真正融入千年运河的血脉和胸怀。

展览布局简约明了，参观流线清晰。展厅四周为固定通柜，展厅中部为可移动、可拆卸、可自由组合的展柜，以适应今后不同规模的艺术类作品展示。

孙晓云题写的"中国大运河史诗图卷"

序

丁帆作序

跋

杨志纯作跋

中国大运河史诗图卷

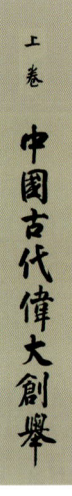

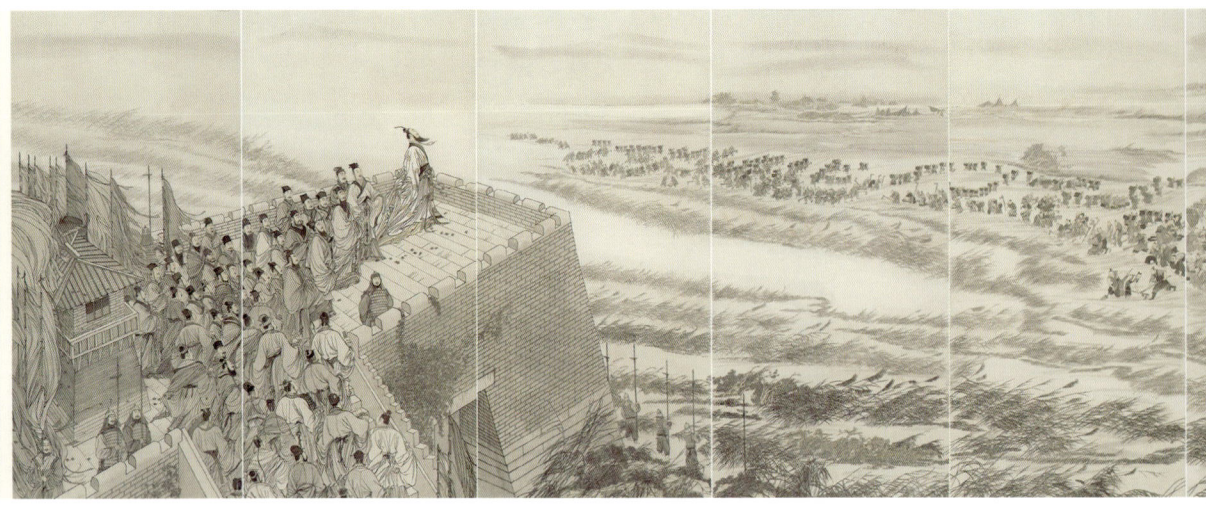

上卷局部

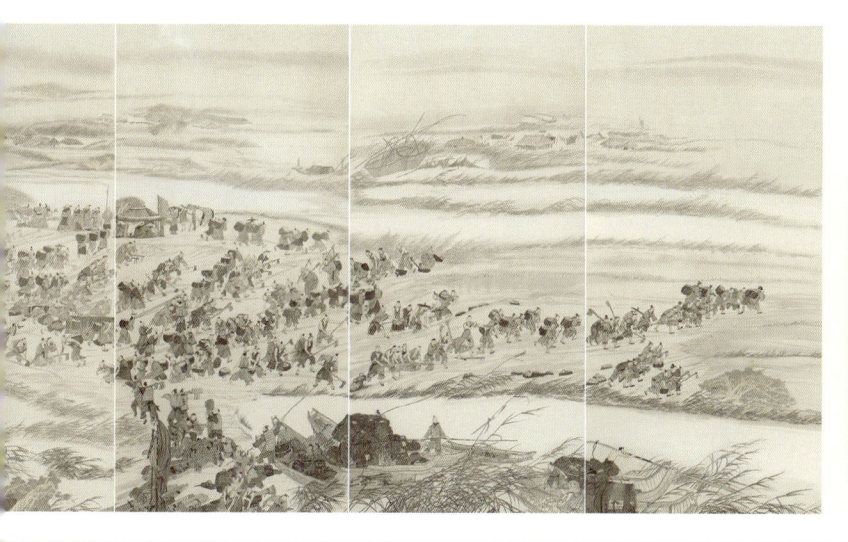

公元第四百八十六年正值中国
的春秋晚期 吴王夫差為北上争霸
扩张勢力遂集江淮湖河间邗溝運
接淮河与长江贯通四运河之洪
在古传中称為邗之。
吴城邗 溝通江淮
邗溝開拓後 揚州創立至今中
百载其壑 官贾富豪奏集文星史
车载景富的運河智慧的先迹
運接起中國大中都以陸任煮所一中華
民族夏 一陸南北 宇同運河者道
而運河其目我何其落配衆在江湖
之间 邗溝附派如始派港後 逐步
新成四南北大運河中之山同 白任所以
清彼徽門中運國都但四周晤史建地
整伺大運河千秋为誉蔣威製 乘茲

邗溝戰爭以而明兌和長凌
隨相附 穩力為远 邗溝及盟聚北失民
住宇殷 福祉 富徳源權从作 之婆連溝
迄華東 南拔和升據新乃中 和新約
时制海 一種民發得家的生今活情辽
四清運河夫丁稿運河 今運河
獨属和地交併徳富利科物種 繆富巴
方地及地交的座離富廊地明阿周四古
低陵 大學衆多的馬忠富明阿周乃古
至以黄河向呼叹 耕释苕忌加萨叶
鴻漳地如拿是也以低宗往昔的融合

震璽幸 撰文
二零二零年三月
枯喘堂寶

下卷 新時代輝煌篇章

下卷局部

大运河自南向北，人文化成，巧夺天工。钟灵毓秀，两岸风光无限，江山美如画。世异时移，运河沿线书画家秦剑铭、江可群、张晚霆、赵晓钟、许坚、钱废信、安玉民、茹峰、张建京、刘明波、徐无闻、赵亦圆、房惠夕、方勇、徐钢，深入实景，精挑细选，石复骅韵，六易其稿，终成春秋争霸之吴越邗沟，雄才大略之沟通江浙，汴河畅通之繁荣京华，一统天下之南北交融人物卷，北国瑞雪、中原秋色、江淮绿野、吴越烟雨山水卷。其图总长一百三十五米，高三米，人物四十三米，山水六十四米，书法题跋二十八米。山河依旧记忆犹新，有史以来以此长卷形式展现运河的古伟面貌，是第一次。

二零一九年三月三十日
叶兆言记于南京下关三汊河
二零二零年三月张晚霆书

叶兆言作记

史诗图卷的创作历程

创作动员

考察写生

创作研讨

慰问交流

书法、篆刻创作

中國大運河史詩

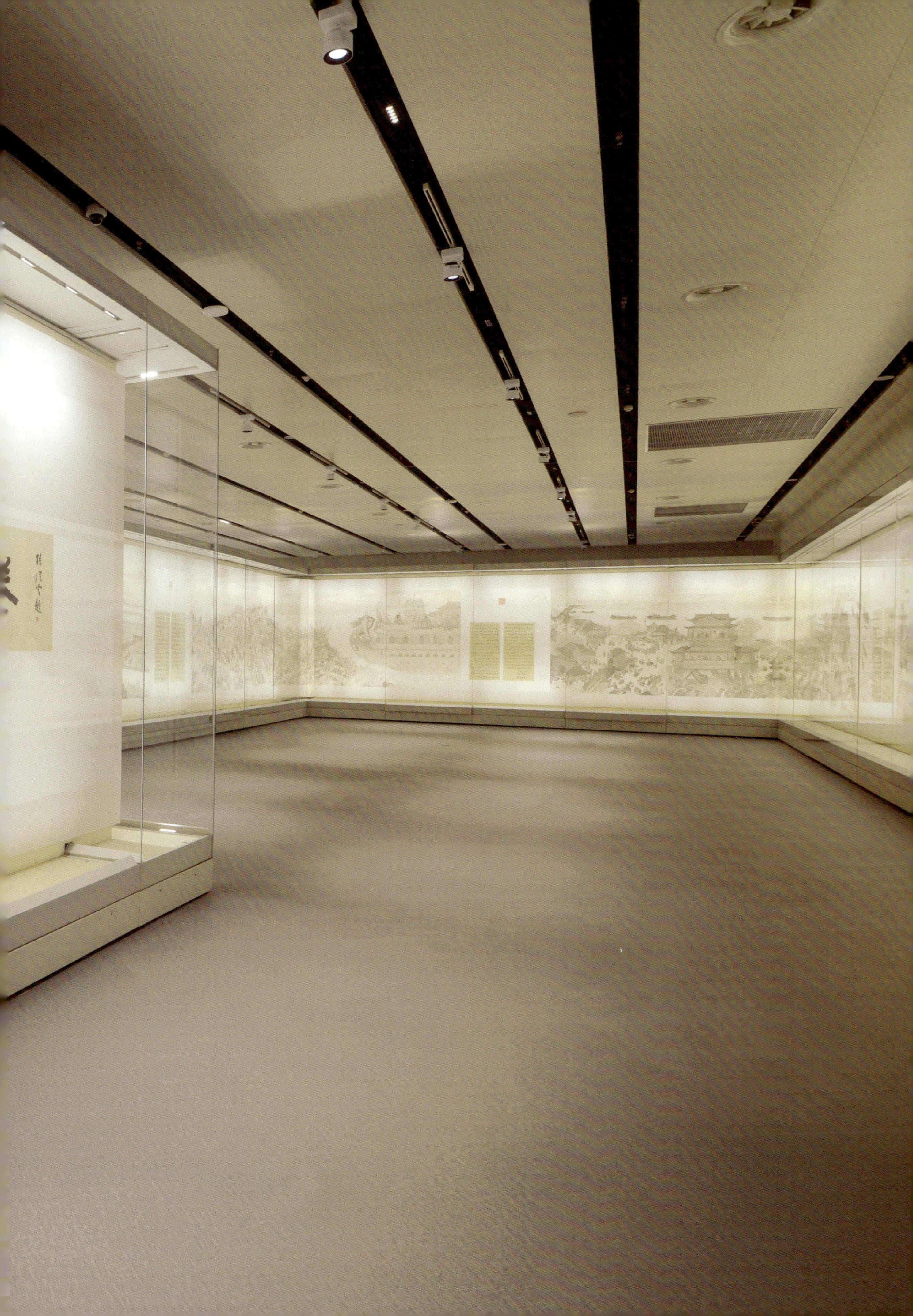

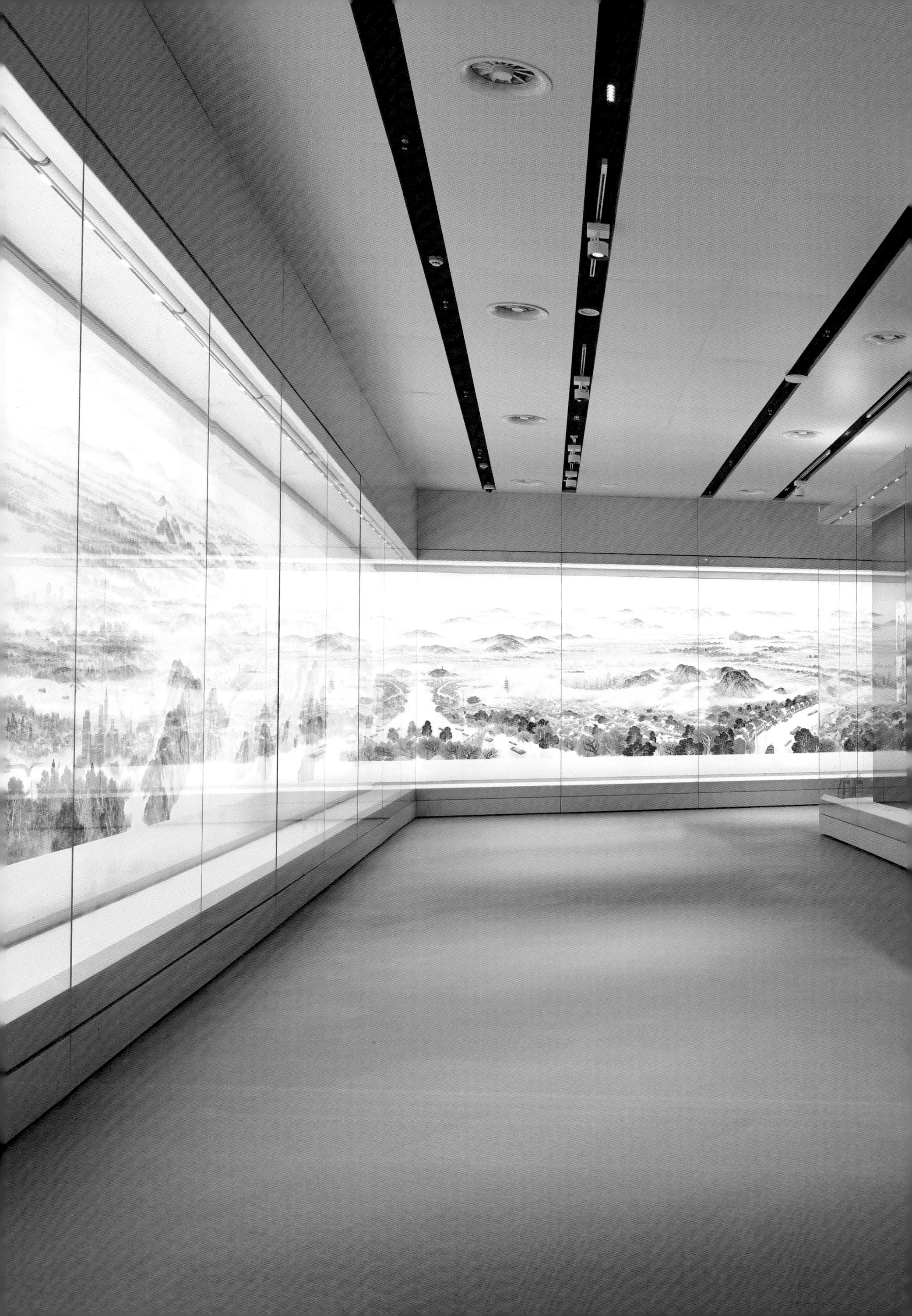

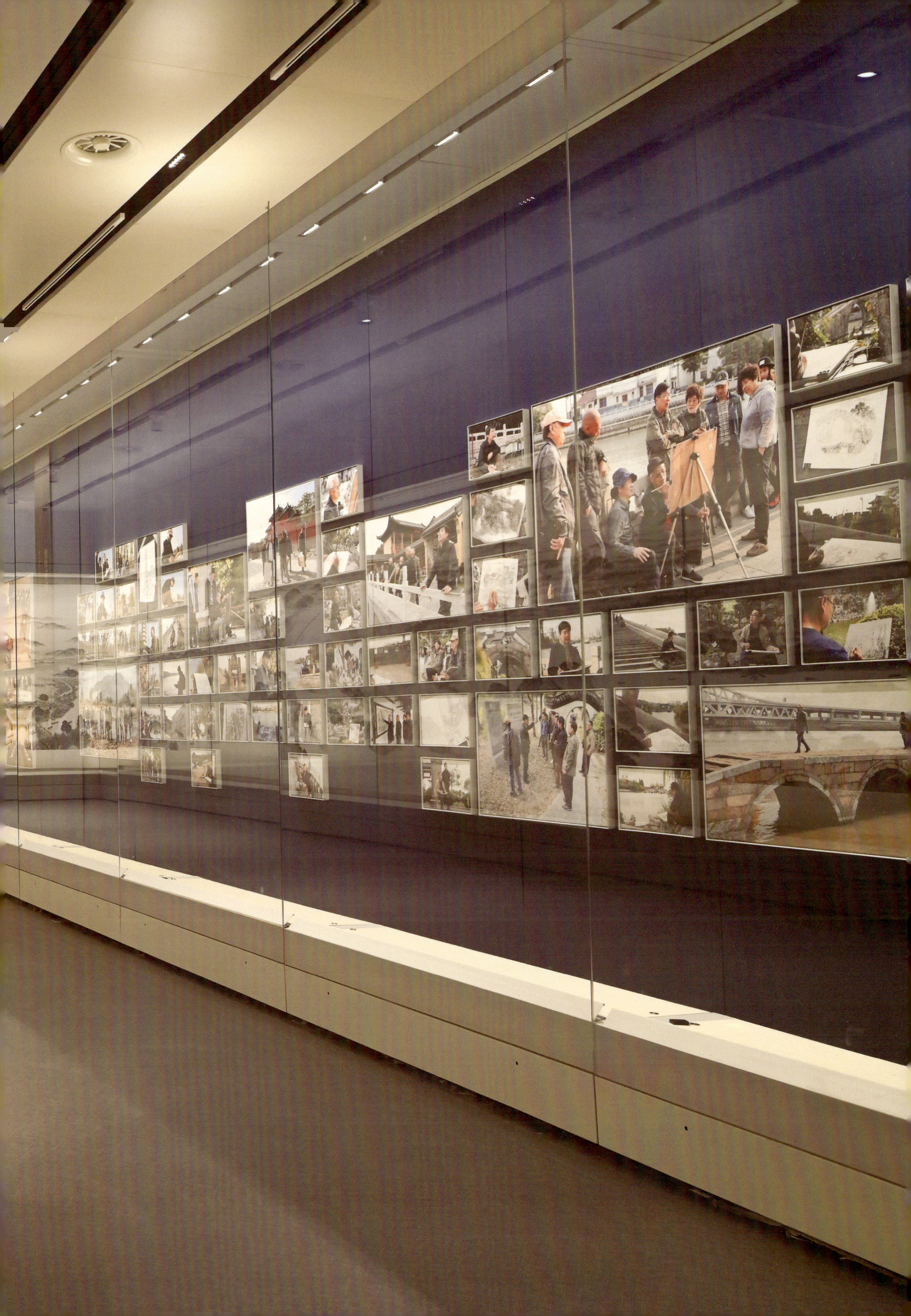

隋炀帝与大运河

　　扬州因运河而兴，隋炀帝的一生与扬州、与运河相牵绊。展览以文物为主体，配合场景再现、文字展板，通过明暗两条线叙述了隋炀帝与扬州及大运河之间千丝万缕的关联。明线为隋炀帝杨广的人生历程，从受封晋王、坐镇扬州（古称江都），到称帝之后三下扬州，再到大业梦碎、江都宫变，一夜殒身失国；暗线则是将隋炀帝的个人抱负融入中国大历史的演进，客观呈现隋朝的历史功绩，包括振兴文教、开凿运河、改革礼乐等，重新审视隋朝运河的规划、营建及其对后世的深刻影响。

前言展板、展厅入口

　　展览以隋炀帝杨广乘坐龙舟南下，自作《早渡淮诗》为引，徐徐展开这个历史人物与大运河的故事。

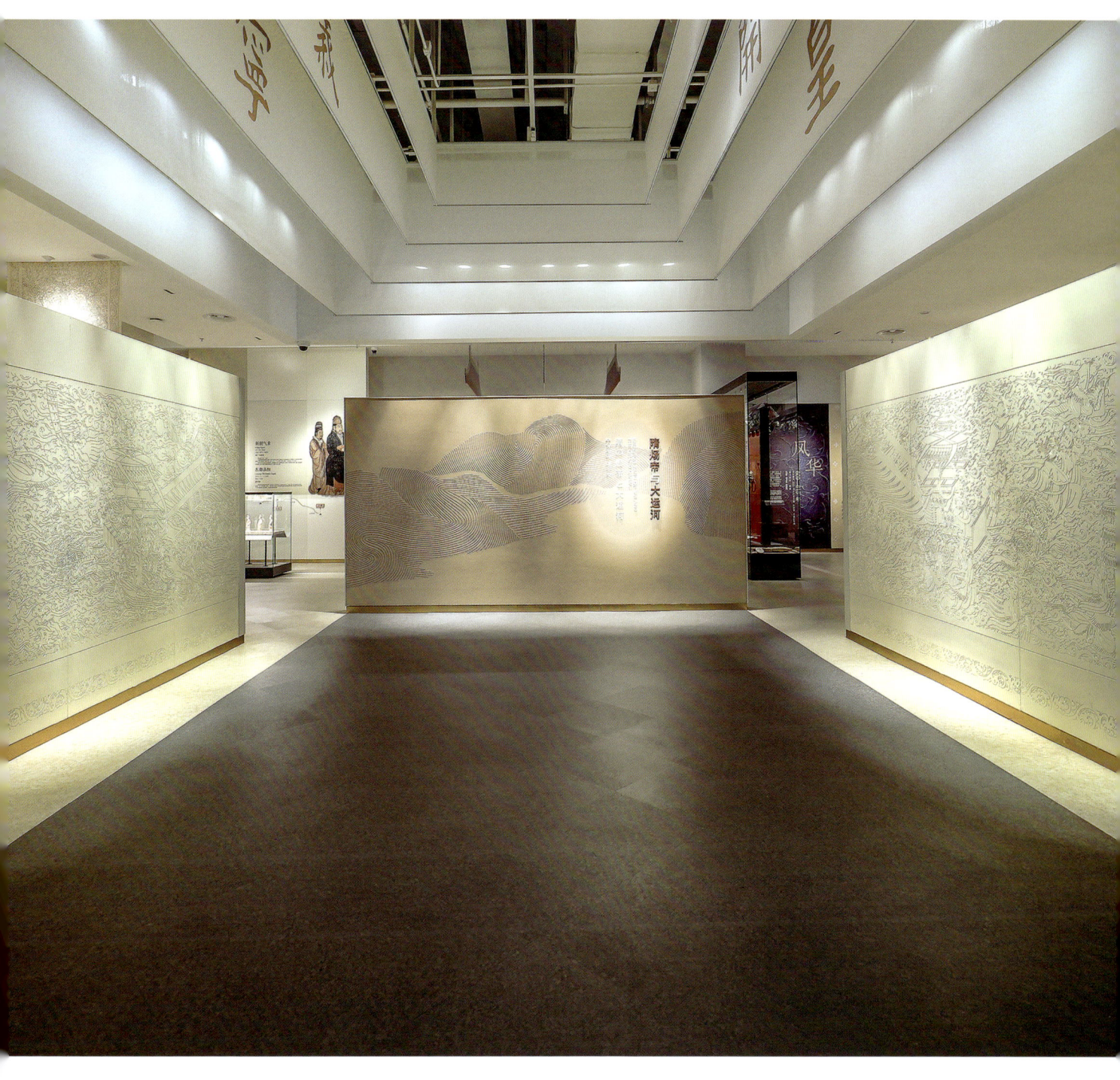

序厅

序厅为半隔断空间，四角均留出通道，可通往展览的四个部分。

第一部分　雄视

展厅内景

　　南朝宫阙残留瓦当和成组的北朝士兵俑阵分列展厅中区两侧，寓意中国历史翻开了南北一统的全新篇章。全国各地烧制的瓷器、发行的新货币以及样式新颖的锦绣，展现了隋朝的蒸蒸日上。

第二部分 宏图

展厅内景

  以隋代大型壁画中的出行仪仗队列为背景，通过隋唐瓦当和大铜铺首的组合，巧妙设计出一扇江都宫门。观众"推开"这扇宫门，展开对杨广驻跸江都宫的无尽想象。

第三部分 风华

展厅内景

通过编钟、编磬、冠冕饰物、玉礼器等器物的展示，反映隋朝礼乐制度革新的成果。隋朝的诗词与书法成就，则通过多媒体平台展示，方便公众参与其中。

第四部分 梦归

展厅内景

　　以隋炀帝墓志为展示中心,通过视频动画复原"江都宫变"。

　　2013年,隋炀帝与萧后墓在扬州被意外发现,解开了关于这位帝王埋葬地的千年谜团。展厅内播放隋炀帝墓发现与发掘的视频,辅以展板文字,梳理隋炀帝与大运河密切交织的人生故事。

隋代年号幕布

展板文字

瓷器展柜，以流动的铜钱为背景

暮江平不动　春花满正

——

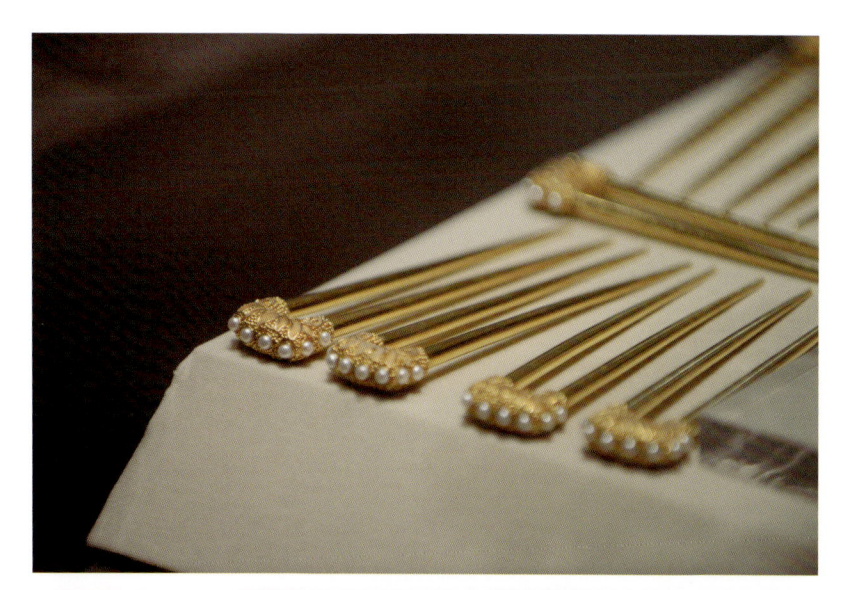

"风华"独立柜展品

紫禁城与大运河

　　大运河自隋唐"北通涿郡"开始,在各个历史时期,于政治、经济、军事、文化、商贸等方面,一直发挥着十分重要的作用。元、明、清以来,三千多里长的京杭大运河成为中国最重要的经济动脉,京城尤其是紫禁城所需各种物资多由此而来。"紫禁城与大运河"分为"运河漂来紫禁城""天下美物聚宫城"两个部分,阐释了紫禁城营建与大运河的密切关系,并以北上宫廷的瓷器、漆器、玉器等文物将清代宫廷生活片段一一呈现在观众眼前。

　　展览在空间上讲究通透关联、景展融合,巧妙运用故宫建筑元素,化繁为简,达到实用功能与形式美感的融合统一,通过透景的空间设计,构建展品间的内在联系,搭建空间中心观景平台,营造最佳视点,领略紫禁皇宫的美轮美奂。

序厅

第一部分 运河漂来紫禁城

展厅内景

　　永乐四年（1406），明成祖朱棣下令在元大都（今北京）基础上营造新都。一道诏令，万民齐动。大运河上，一时千帆竞过，百舸争流，好不热闹。一批批巨木、砖瓦、石料，一袋袋大米、食盐、茶叶，江浙的棉布、丝绸、织锦，安徽的笔、墨、纸、砚，还有江西景德镇的瓷器……满载货物的船只如织如梭，沿着运河北上，源源不断地流向紫禁城，故有"运河漂来紫禁城"之说。

故宫模型

壮美故宫

第二部分　天下美物聚宫城

　　从砖石木料、车马船只、军需仪仗，到时鲜果蔬、锦衣华服、香帛贡品，紫禁城中的生活物资多由运河送达。

　　苏州的玉器、刺绣、缂丝，扬州的玉雕、雕漆，南京的云锦、绒花，常州的梳篦，宜兴的紫砂，还有江浙一带的家具……天下美物，无不汇聚皇宫。

　　彼时，常年航行于运河上的船只，少则数百艘，多时三千有余，络绎不绝，昼夜不歇。

展厅内景

故宫模型(局部)

展厅一角

运河湿地寻趣

中国大运河地跨八省市，沟通海河、黄河、淮河、长江、钱塘江五大水系，纵贯华北平原和长江中下游平原，穿越北暖温带、南暖温带、北亚热带、中亚热带，自然生态多样，生物种类丰富。

"运河湿地寻趣"主要面向少儿群体，参与性强，在互动中呈现运河两千年的生态涵养，探寻运河湿地的奥秘。在"长长的运河、满满的湿地"板块中，有运河流经区域的自然风貌、生态环境、湿地概况、动植物种类等展示，可谓五彩缤纷。

"鱼儿的乐园、鸟儿的天堂"位于展厅中央，通过复原的湿地场景，活态展示静水动物和植物群落、浮游生物群落、底栖生物群落和沉水植物群落等湿地生态，辅以对湿地供给服务功能、调节服务功能、支持服务功能和文化服务功能等的介绍。

展览实现了博物馆陈列从静态到动态、从单一到多元、从参观到参与、从知识到见识、从技术到艺术等多维度的功能提升。空间以大自然的绿色为主色调，烘托主题，融入运河各类生态元素，直观地呈现运河湿地和谐共荣的生态面貌。

前言
FOREWORD
前書き
머리말

长长的运河，像美丽的丝带，连接着江河湖海；
The long canal, like a beautiful ribbon, linking the rivers, lakes and seas;
满满的湿地，像神奇的宝石，守护着草木鱼虫。
The misty wetlands, like wondrous gems, protecting the grass, trees, fish and insects.
春天在哪里？问一问优雅的大雁和敏捷的白鹭，鸟儿知道。
"Where is spring?" You ask elegant wild geese and agile egrets. "The birds know."
夏天在哪里？问一问活泼的草鱼和淘气的泥鳅，鱼儿知道。
"Where is summer?" You ask lively grass carps and naughty loaches. "The fish know."
秋天在哪里？问一问红通通的柿子和黄灿灿的芦苇，风儿知道。
"Where is autumn?" You ask red persimmons and yellow reeds. "The wind knows."
冬天在哪里？问一问寂静的树林和宁静的水面，雪儿知道。
"Where is winter?" You ask silent woods and tranquil water surface. "The snow knows."
长长的运河边，满满的湿地里，还有哪些有趣的事儿？
What else is interesting along the long canal and in the misty wetlands?
这里，就在这里！
Here, right here!

序厅

长长的运河、满满的湿地

长长的运河、满满的湿地

鱼儿的乐园、鸟儿的天堂

尾厅

数字化沉浸式体验展

河之恋

　　"河之恋"是中国大运河博物馆的数字化专题展厅，展览以"水""运""诗""画"四个篇章，阐释中国大运河文化。"水"，从自然的角度，展现出水的不同形态，或静谧，或狂躁，或奔放；从历史的角度，展示与水息息相关的人类生活，以及社会变迁发展的历程。"运"，通过河、城、疆三个情景点，以及沿岸的交通枢纽、城市、粮仓等意象，展现水运带来的民运、国运变化。"诗"，通过诗词展现运河沿岸的经济生活、民生变化、文艺勃兴等，如同多面镜一般，多角度反映大运河的发展变迁。"画"，则采用"古今画卷"的形式，让大运河的宏观画卷在时空中相遇与碰撞。

　　"水""运""诗""画"四个篇章共同打造出虚拟空间体验，采用"科技+艺术+文化"的裸眼技术理念，突出声、光、电、形、色等方面的流动效果，营造出富有创意、极具新意的沉浸式体验。观众在展厅内可与运河的自然、历史、文化、艺术、现实等元素进行穿越时空的对话，在互动中强调画中景、景中画的时空表现，以及"炫"中有"雅"的风格追求。

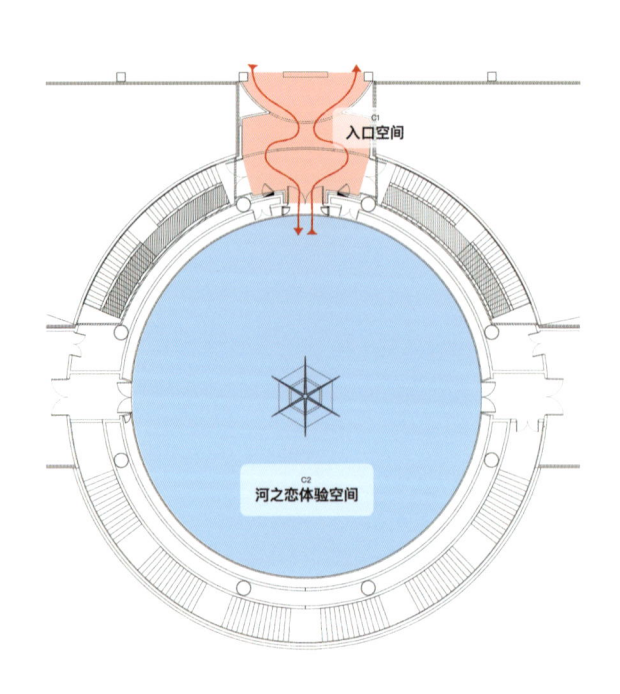

展厅平面布局图

展厅根据空间特点设计影片脚本，以互动多媒体和沉浸式体验作为展区主要的呈现内容。展览空间内采用无隔断和造型艺术布局，充分实现空间与影片双重意义的无缝衔接，多媒体影片的结尾亦是开始，展厅空间的任何地方都可以是参观的起点。

展览设计从大运河文化的特殊性出发，提炼出"水""运""诗""画"四个章节的象征意义，通过抽象化、符号化的多媒体语言勾勒出对"流动的文化"的唯美想象。空间顶部悬吊凉亭艺术装置，在亭顶造型的结构骨架间，金属纱网"织出"古代凉亭半透明的立体轮廓。艺术装置对原有形态的提炼性表达与多媒体影片的核心理念相契合，两者形式的互补为观众创造出更大的想象空间。写实的自然人文风光与抽象的视觉艺术相结合，共同构成震撼的视觉画面——展现千年运河，畅想美好未来。

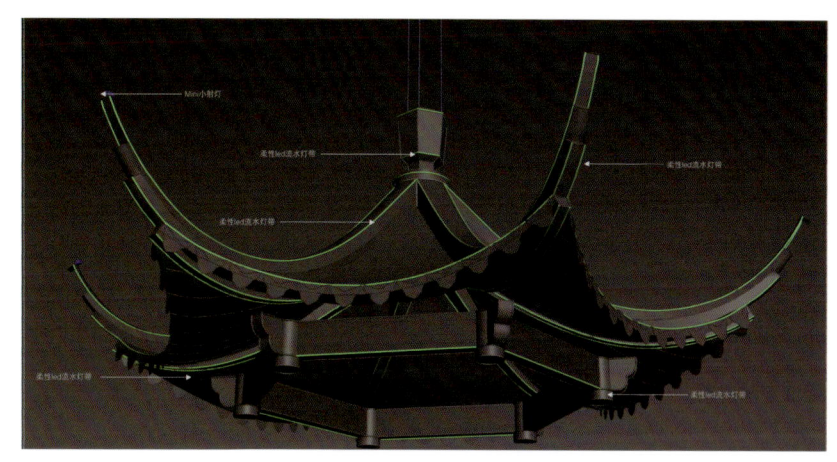

凉亭展厅示意图

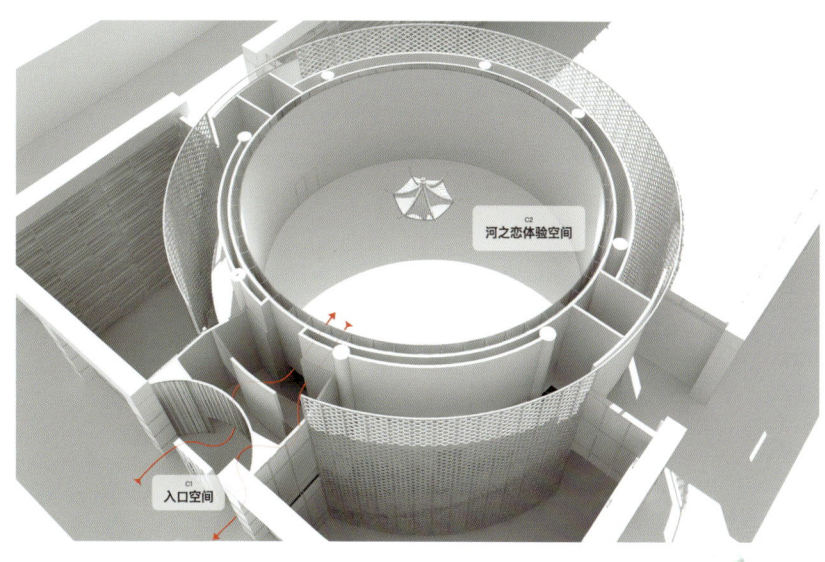

展厅空间轴测图

数字体验空间

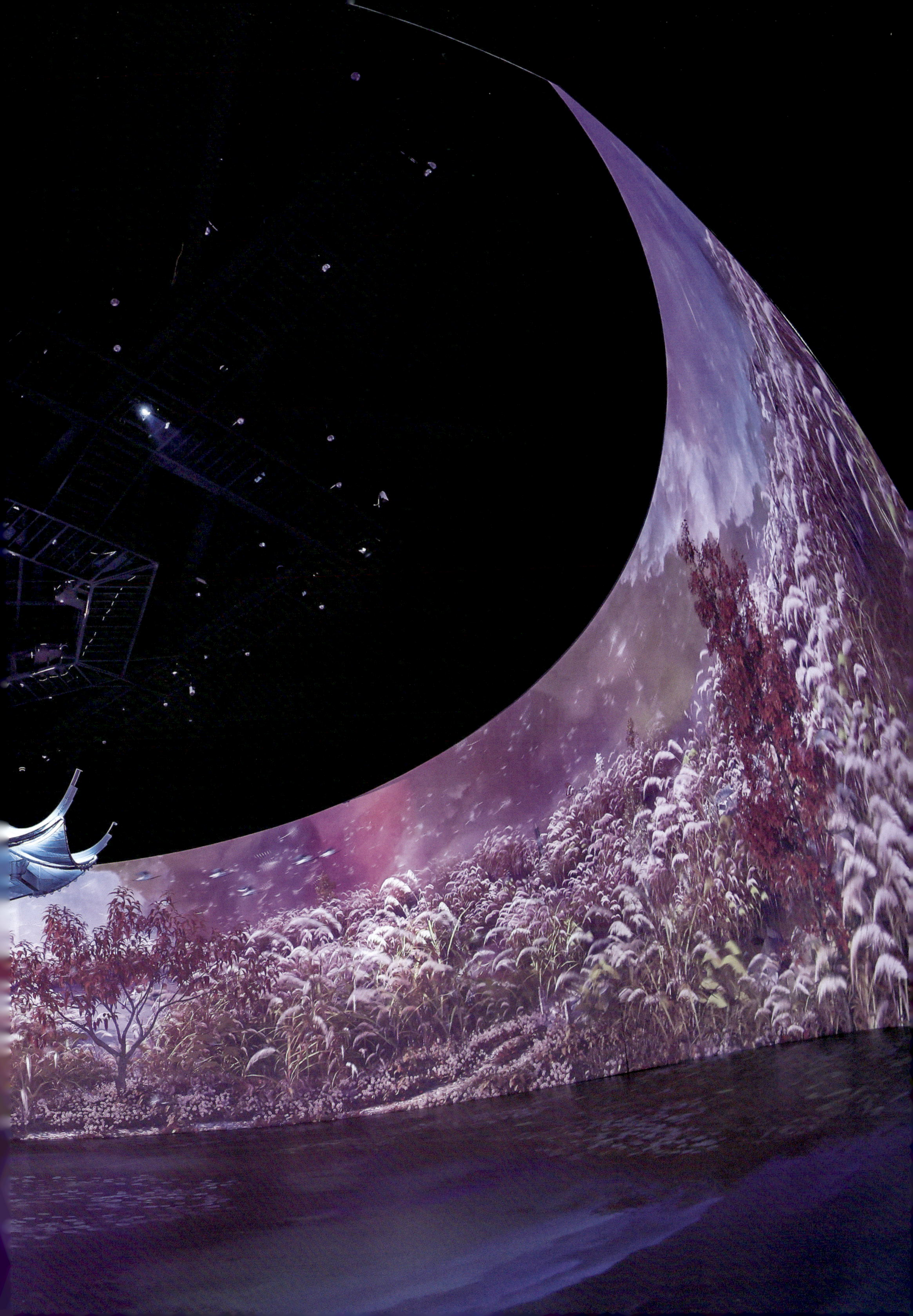

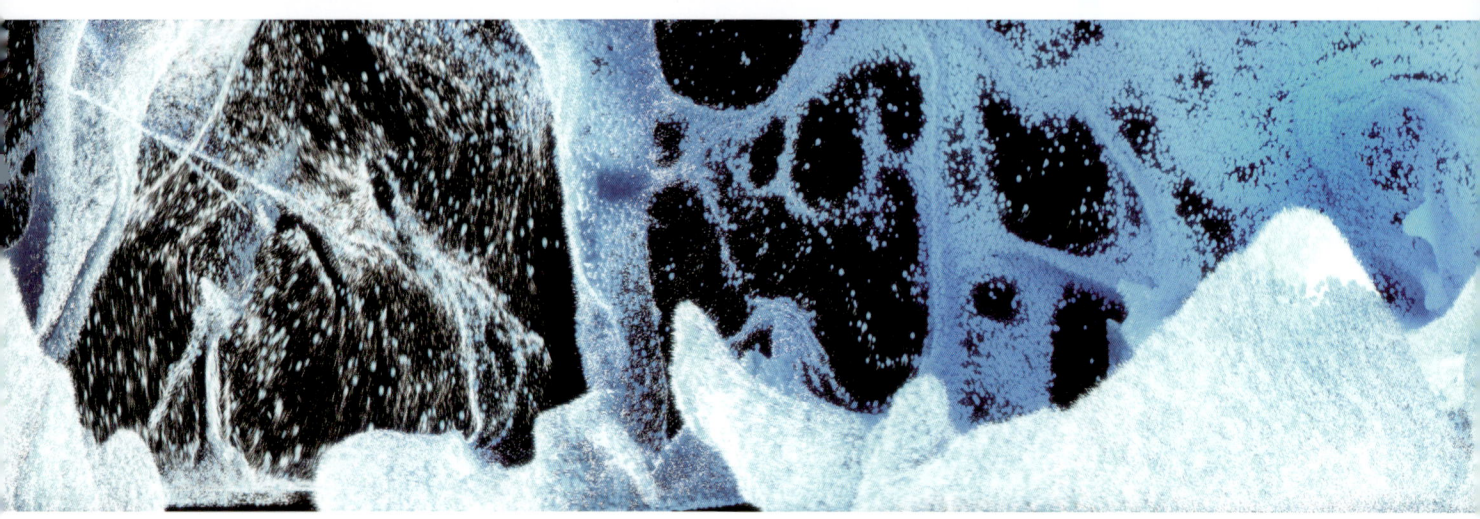

数字长卷展开图

167

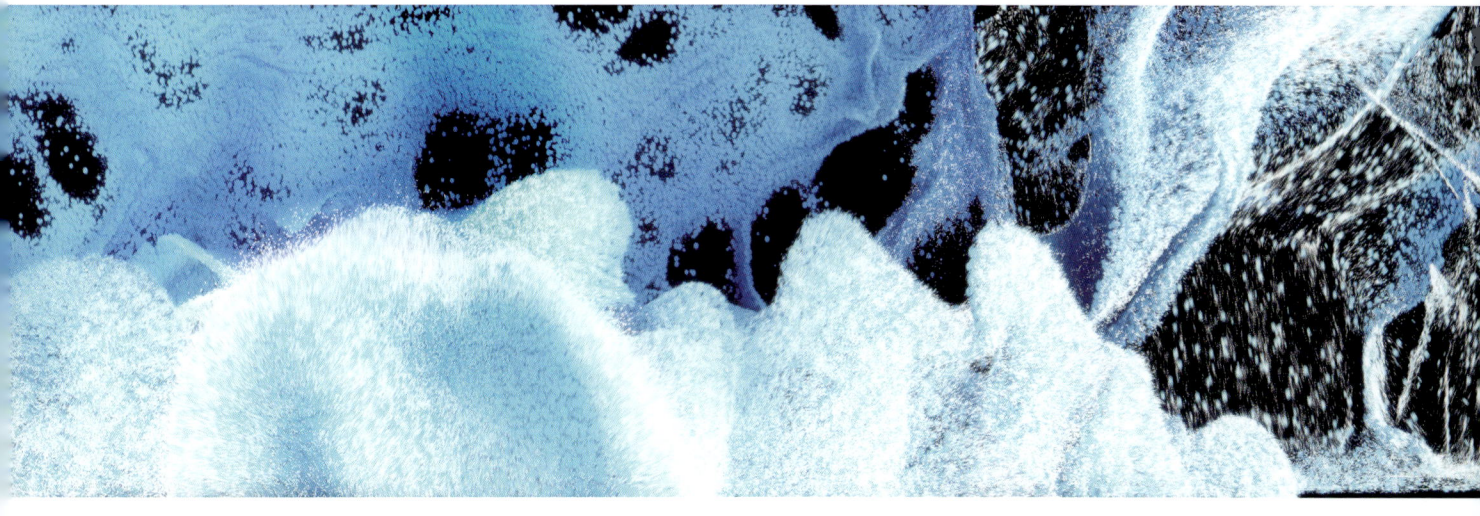

展厅内景

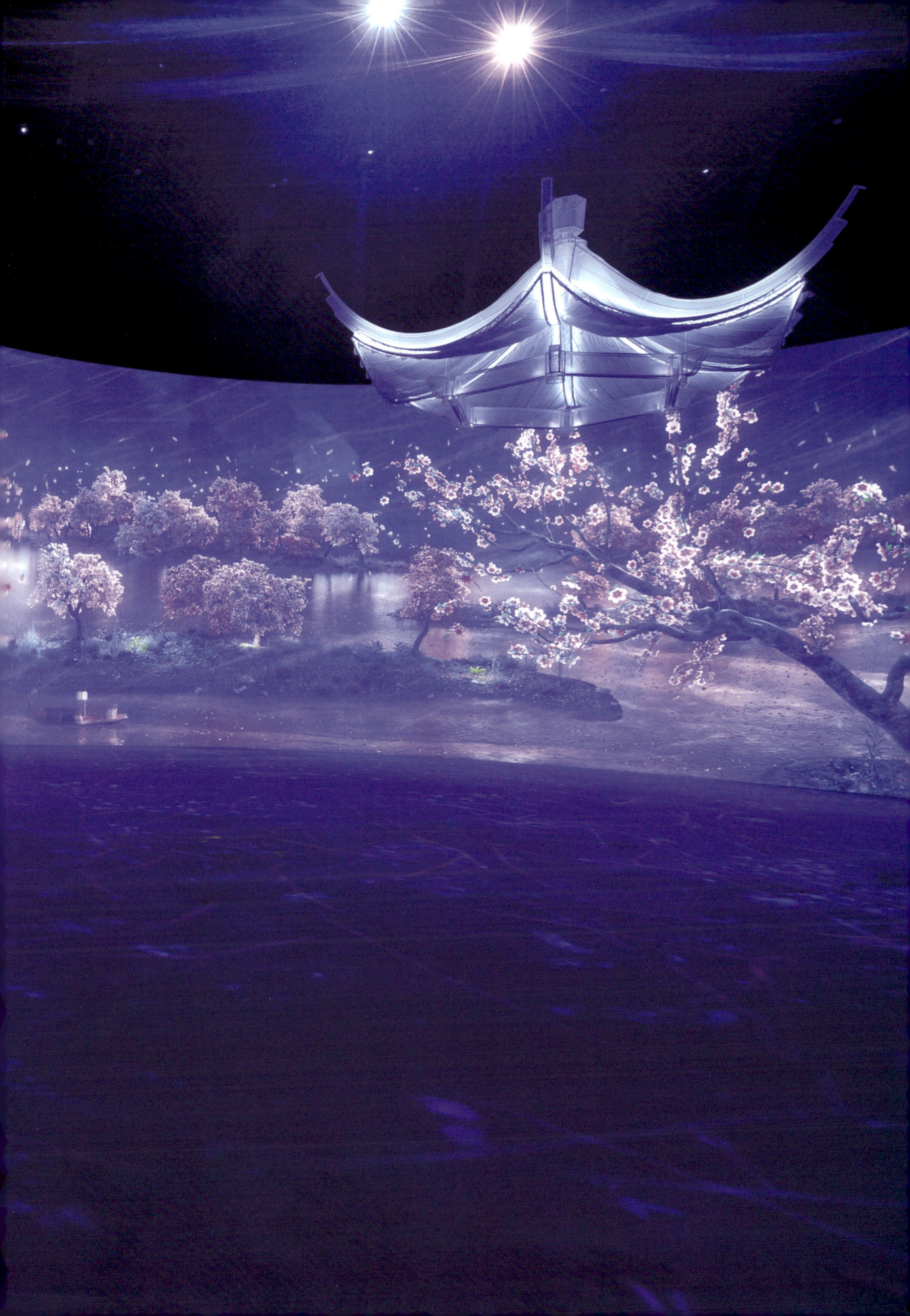

展厅内景

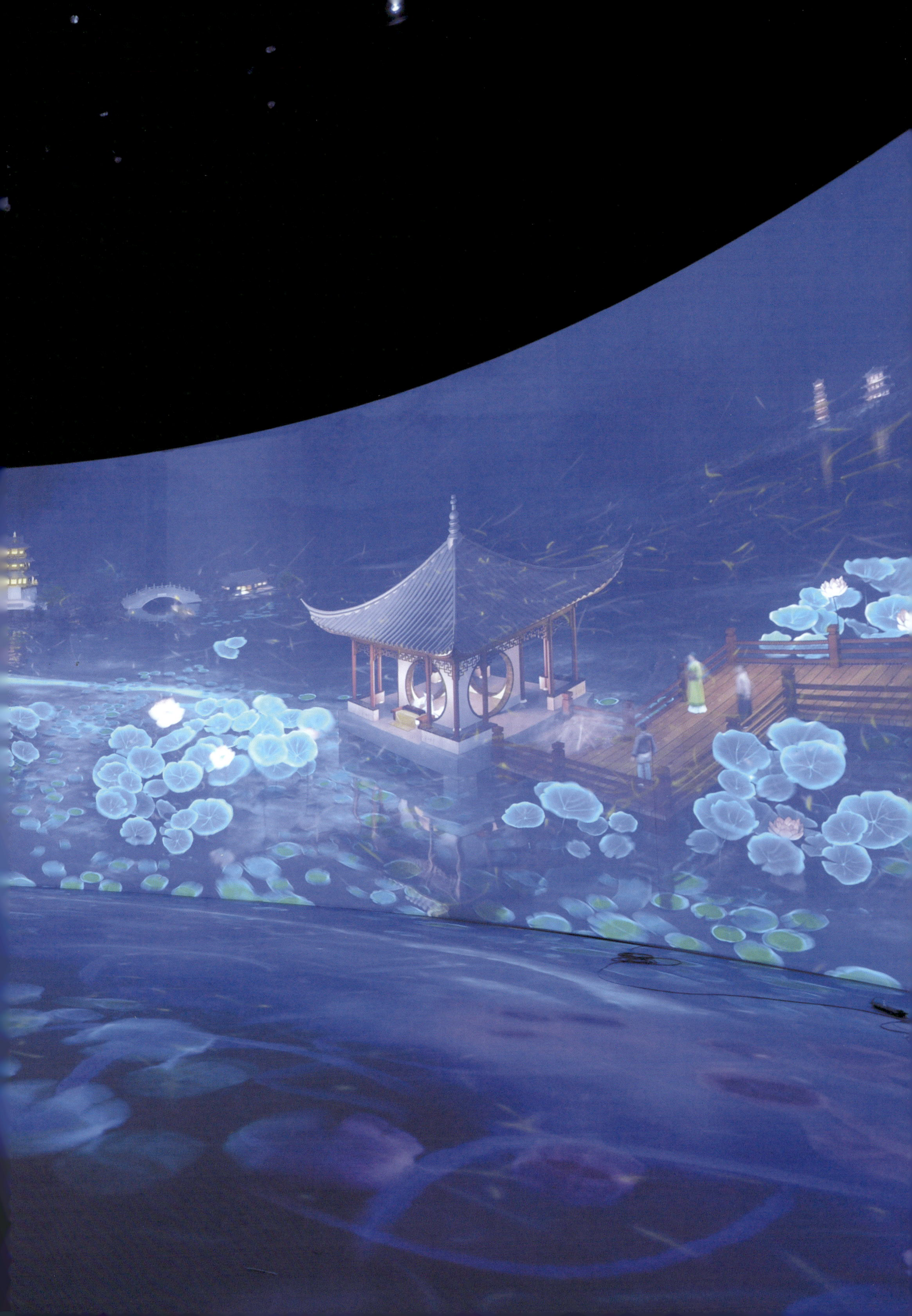

运河上的舟楫

"运河上的舟楫"是关于中国大运河舟楫主题的多媒体互动体验展，以实体体验结合数字多媒体虚拟体验的方式，讲述大运河舟楫的演变、舟楫的类型等相关知识与故事，展示大运河舟楫带来的南北文化融合与古今美好生活，是中国大运河博物馆展览体系中富有特色的专题展厅之一。

展览主要围绕两部分空间展开，第一部分为运河上的百舸千帆——船模展示，展示运河舟楫的演变、舟楫的类型以及古代绘画作品中的舟楫，通过船模与多媒体智能交互传播大运河船舶知识体系，传递美好生活。第二部分为沙飞船实体体验与多媒体虚拟体验，通过数字多媒体融合，展示内容从沙飞船体验拓展到大运河古今时光穿梭，空间净高近 11 米，现场复原一艘 20 米长的康熙时期的沙飞船，观众可以进入船舱参观体验。

展览空间错落有致，参观流线丰富有趣，体验方式多元独特，展览不同层面的设计都很好地阐释了主题。展厅空间是现代博物馆展览与沉浸式古代场景的结合，在流线型的参观模式中，充分利用空间层高特征，带来独特的参观视角，打破参观的视线限制，营造丰富的观展体验。

一层展区平面图　　　　二层展区平面图

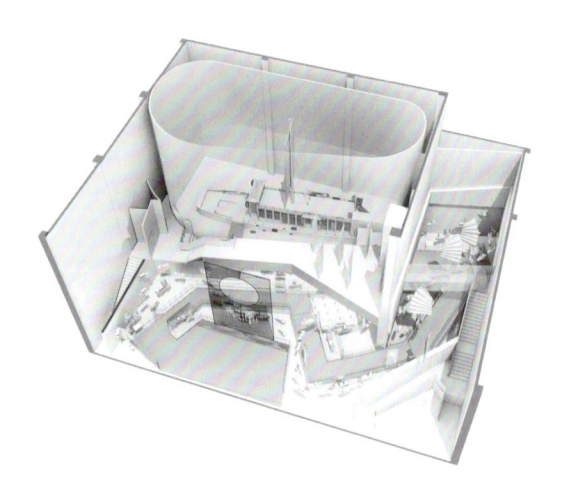

序厅

进入展厅，浮现在定制纱幕上的前言文字映入眼帘。主题浮雕的设计灵感取自《康熙南巡图》第六卷中运河与长江的交汇口，画面呈现扬州、运河古镇瓜洲、镇江金山等。南北间、海内外的船只在此交汇，再现了古代运河上千帆云集的盛况。

第一部分 运河上的百舸千帆——船模展示

运河上的百舸千帆

　　从古往今来的近百种舟楫切入，分为"乘风破浪""百舸争流""两岸繁绘"三单元，层层递进讲述古代舟楫的演变、功能类型以及舟楫为生活带来的便利。图文、船模、触摸屏与AR互动相结合的展示手段，为观众带来体验丰富、内容翔实的参观感受。

互动触摸屏

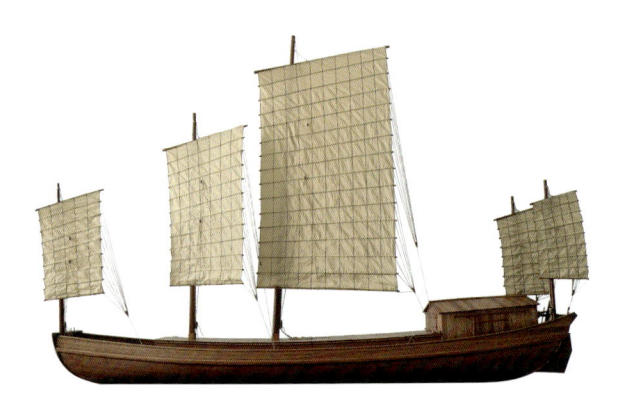

船模

第二部分　沙飞船实体体验与多媒体虚拟体验

沙飞船体验

沙飞船内部空间效果图

　　进入复原的大型沙飞船，观众可以感受到船舱的内部结构，也可以站在甲板上，观看古代运河360°环幕视频。整个体验过程，空间由狭窄到宽敞，展示手法从实景到虚拟，为观众带来充满惊喜的沉浸式感受。

沙飞船体验

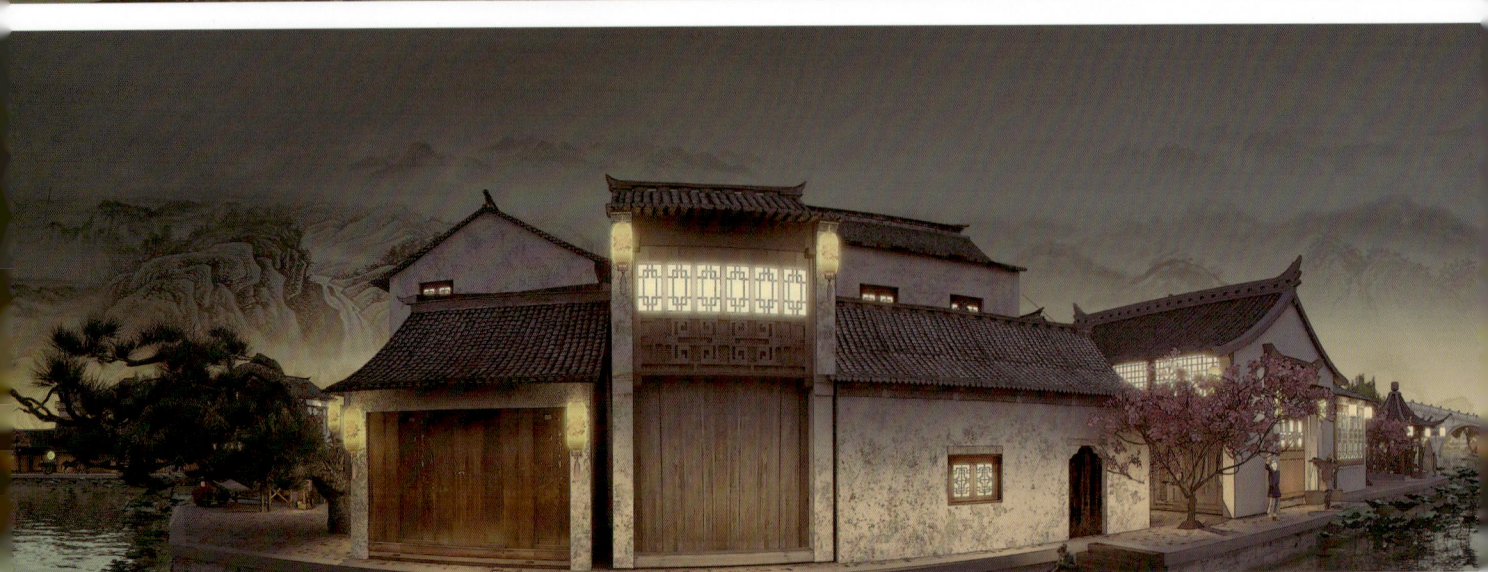

360°环幕视频

181

动力体验区

通过投影播放和互动体验，展现运河上舟楫的"楫"，让观众体验如何操作不同类型的船只。

尾厅

展厅和内部设施的建造过程被拍摄成一部纪录片,安排在尾厅播放,传递了舟楫的文化价值,展现了运河文化传承保护中舟楫的重要性。墙面描绘的沙飞船建造图纸,让观众感受到非遗的魅力。

展厅内景

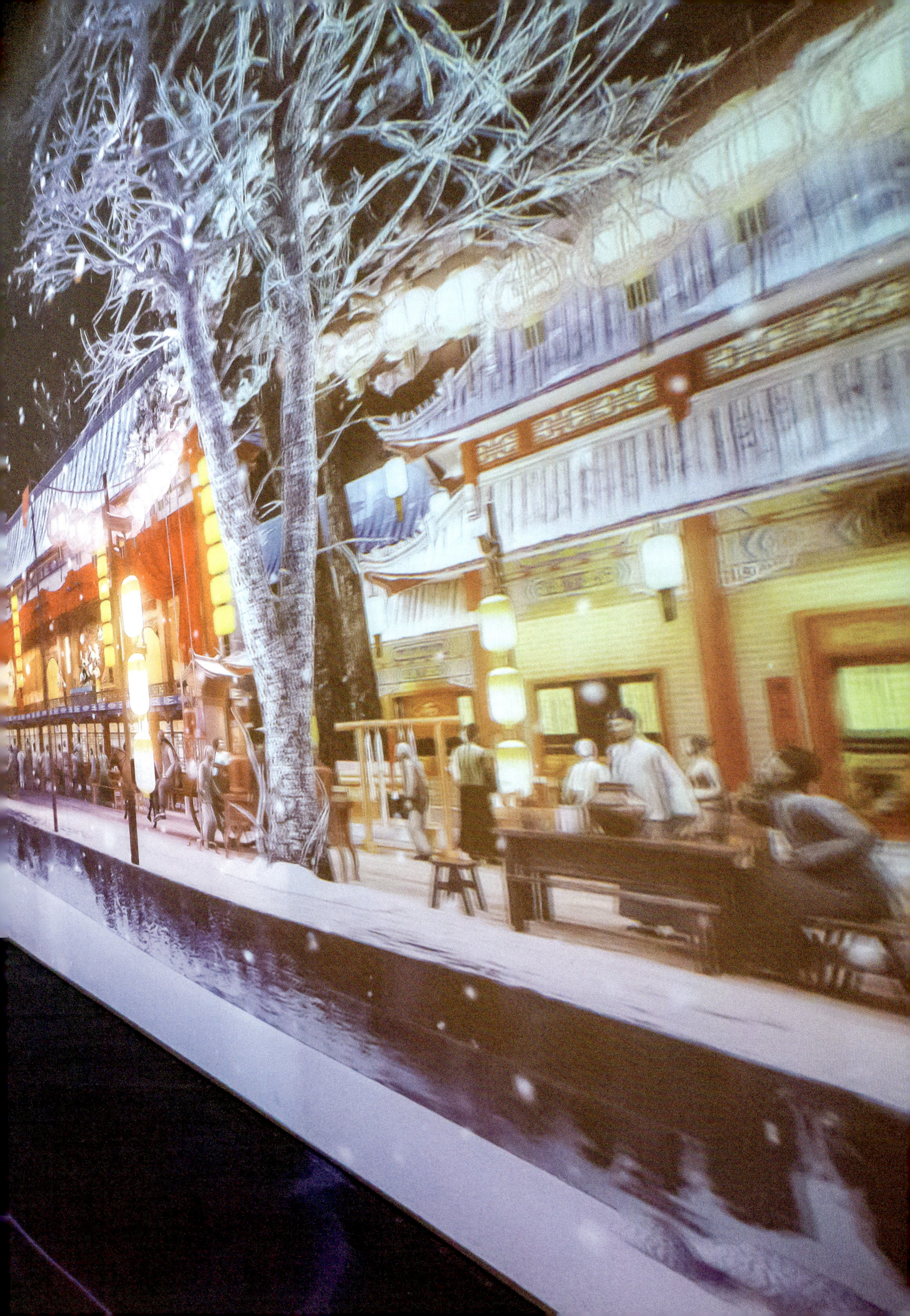

临展厅

江都王

　　展览以江都王刘非从"文景之治"到汉武帝时期的个人经历为主要线索，以江苏盱眙大云山西汉江都王陵考古出土的精品文物作为基本展品，从考古发现与研究、传统文献梳理两个维度，展现西汉时期诸侯王与中央政府之间在政治、军事、经济诸方面的互动及交流。

　　展览紧紧围绕以金缕玉衣、镶玉漆棺、错金银铜器、嵌宝石车马器等为代表的重点文物，系统介绍江都王刘非及其王后、妃嫔等随葬专用器物，再现西汉贵族群体的歌舞宴乐、丧葬仪礼、升仙思想、"来世"观念等内容。同时，该展览将带领观众走近汉代诸侯王，解读大一统背景下中央集权不断加强、封国权力逐渐削弱这一历史转变中诸侯王个人的生命历程，品读汉代丧葬观念中的"长乐未央"与"事死如生"。

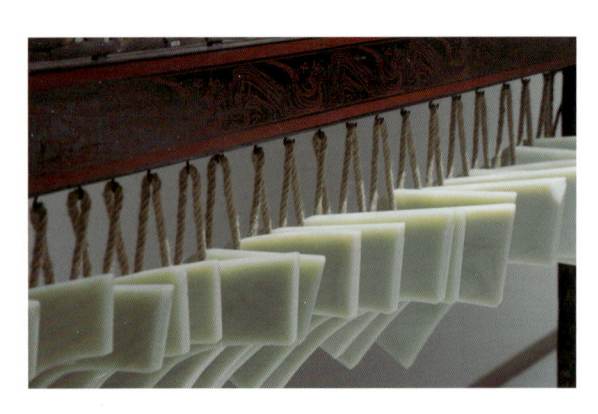

展厅一角

形影——运河主题多媒介艺术展

"形影——运河主题多媒介艺术展",共展出当代雕塑、陈设作品21件(组),提炼水、船、人等元素,创意表达。以大运河作为交流融通的纽带,运用雕塑的艺术形式,将当代雕塑家对运河传统文化的思考一一呈现,开启一场关于历史文化与传承、传统与当代并存状态的对话,展现中国大运河生生不息的活力与精神,勾勒出人们对美好未来的憧憬与期待。

马文甲《镇甲》

陈晓春《一花一世界》

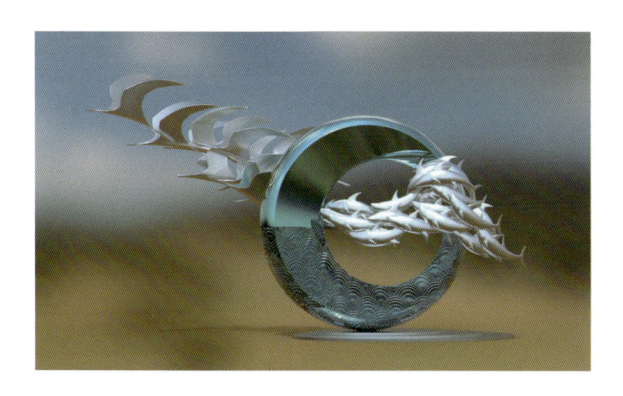

李宵瀚《生息》

刘军《无相》

第四章

贴近公众的博物馆教育

创新服务理念,提升观众文化获得感

优化服务设施,打造人性化服务体系

构建智慧服务,满足高品质文化期待

探索互动体验,生动呈现历史新动态

丰富教育活动,增强中华文明生命力

完备优质的公众服务、丰富有趣的互动体验和寓教于乐的教育活动，是展示中国大运河博物馆文化内涵的重要服务内容，也是满足大众对美好生活需求的无形文化产品。我们以"服务公众、奉献社会"为宗旨，致力于讲好中国大运河文化故事，拉近人与历史的距离，用人文美好浸润日常生活。将运河上的生态环境、水工智慧、贸易往来、民俗艺术、烟火气息融入丰富多彩的教育活动，利用智慧化的服务手段，让各年龄段的观众都能领略到运河文化的魅力。通过服务理念的创新、教育活动的多元化，充分发挥博物馆作为"大学校"的社会功能，传递运河之美，传承运河文化。

创新服务理念，提升观众文化获得感

在"以人为本"的服务精神指引下，秉承"智慧服务"和"分龄分众"的创新理念，搭建博物馆与公众之间沟通的桥梁，促进大运河文化和旅游公共服务的融合发展，为大家带来高品质的参观体验和智慧化的人文关怀。

通过社会教育课程、智慧化导览服务、青少年互动体验项目、大运河文化进校园（馆校合作）四大教育板块，构建起新颖的"运河文化博物馆教育基地"，协调公众与博物馆教育人员共同挖掘、整合大运河沿线丰富的历史文化资源，积极保护运河遗产，展示运河文明，弘扬运河价值，促进美好物质生活与精神文明需求的高质量融合发展。

以多媒体技术为支撑的智慧化导览、沉浸式的青少年互动体验项目，以及主题广泛、形式多样的全年龄段教育活动，让"依水而建""缘水而兴""因水而美"的运河文明不仅在文字上缓缓流淌，也在文物上一一浮现，更在大人孩子们的眼睛里熠熠生辉！

优化服务设施，打造人性化服务体系

博物馆除了要精心策划主题鲜明、内容丰富、创意无限的展览，还要提供细致入微的关心和照顾。要让观众获得满足感，这些都是必不可少的。一部手机，指尖轻触，就可以便捷地操作系统搭载的服务软件，掌握最新展览信息和实时参观人数，找到自己的兴趣所在，合理安排时间，避免排队，告别拥挤，获得最佳参观体验；"银发族"可以通过入馆绿色通道，接受面对面的人工服务，在服务人员的悉心指导下跨越"数字鸿沟"，无障碍地享受博物馆里的闲暇时光；参观时，智能导航将随时为观众规划最优参观路线，同时提供有针对性、有亮点的展览介绍；咨询台提供一站式微笑服务，从预约到离馆，让每一位走进中国大运河博物馆的观众，都能拥有舒适的观展体验。

徜徉于博物馆中，观众还会常常遇见志愿者，他们以真诚之心诠释志愿精神——聚是一团火，散为满天星。他们的无私奉献，让博物馆与整个社会结合得更加紧密；他们的躬身实践，让自己在文化的天空绽放光芒。

一站式微笑服务

真诚相伴，贴心服务

志愿者服务公众

志愿者讲述运河故事

构建智慧服务，满足高品质文化期待

结合智慧博物馆的发展理念，多种科技新手段被广泛运用于博物馆的方方面面，为不同年龄、不同需求的观众提供更加人性化、智能化的服务。

图文、视频结合的智慧导览生动形象地为观众答疑解惑，多语种语音导览、AR形象展示等技术展现了文物丰富的背景故事与文化内涵，真正做到"让文物活起来"。"看、听、学、玩"四位一体的智慧化导览服务，为观众带来耳目一新的观展体验。

为了让展览走向广阔的馆外世界，我们还设计了一系列线上展览与互动直播，可以让全球观众"云上"观河赏景，零距离享受大运河沿线的美景、美文、美物，真正做到了"天涯共此时"。

便捷的导览租借设备

边听边看的参观体验

探索互动体验，生动呈现历史新动态

青少年观众可以在一个名叫"大明都水监之运河迷踪"的展厅，以"密室逃脱"的游戏方式，体验探索大运河的乐趣。这个青少年互动体验项目设计了引人入胜的剧情，打造了一个以解谜为线索的沉浸式空间。在展厅中，体验者化身为古代监水使者，带着任务游历大运河，闯过重重关卡，潜移默化中熟悉了大运河的历史和文化，领略到大运河沿岸风物的美好。特别是深入浅出的多媒体解读，让体验者感受到大运河古代科技的独特魅力，对古代劳动人民的伟大智慧结晶产生敬仰之情，进而产生守护、传承祖先宝贵遗产的崇高信念。

全开放式的体验空间结合了备受青少年喜爱的古风和二次元的风格，运用科技手段，设计出运河上的船只与不同河道场景中的机关和难题；虚实结合的唯美场景还原扬州的富裕繁华，让观众或置身喧闹的街市瓦舍，或乘着"运河"上往来的船只。在这里，可以"触摸"来自五湖四海的丰富物产，可以"打开"古老尘封的档案柜，可以"进入"神秘幽暗的仓窖……游戏通关后，观众还可以通过线上配套程序，将自己的惊喜与感动分享至社交媒体。

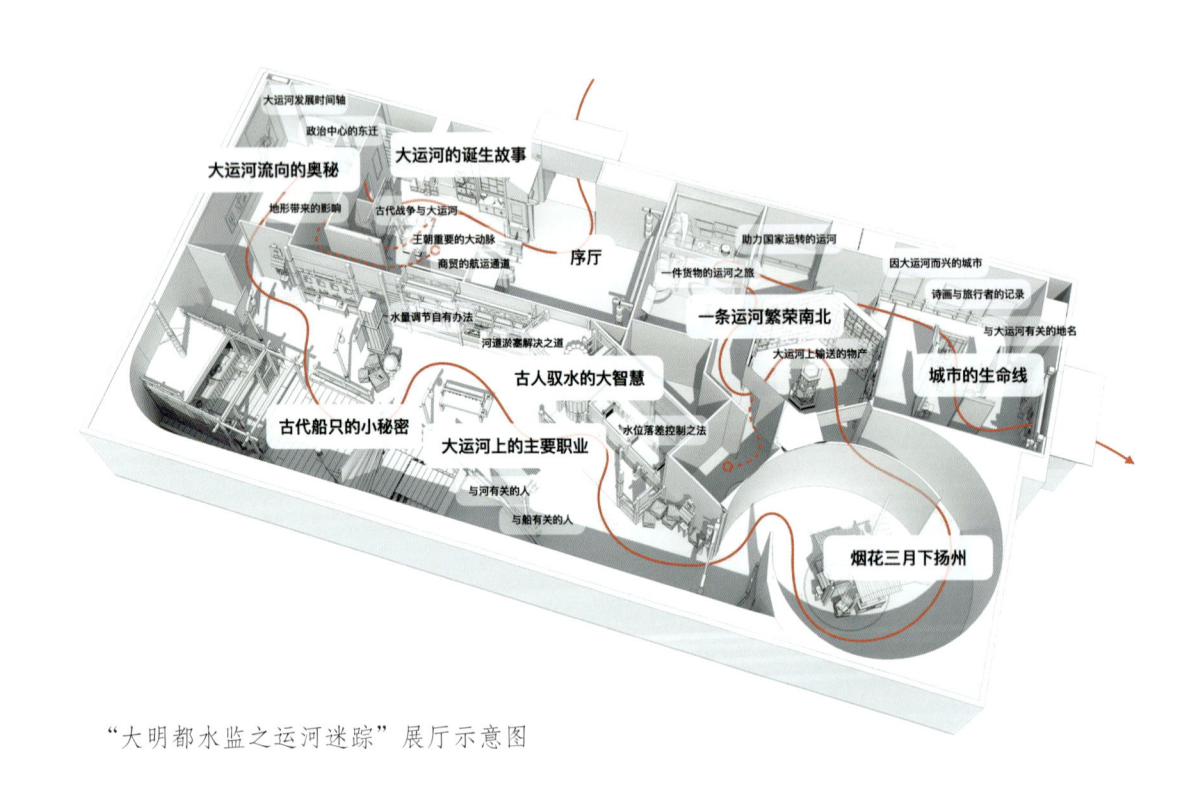

"大明都水监之运河迷踪"展厅示意图

穿越时空，变身古代监水使者

解密运河由来

探寻船的秘密

了解疏浚运河的工具

196

挑战古人驭水智慧

维系大运河运转的机构

掌握运河经济命脉

头脑风暴，解开仓廪之谜

"烟花三月下扬州"环幕视频

198

游戏通关，分享成功与收获

丰富教育活动，增强中华文明生命力

中国大运河博物馆深入挖掘馆藏大运河文物的多重价值，策划实施了主题广泛、形式多样的全年龄段教育活动。

活动形式包含专题导览、公众讲座、体验活动、亲子活动、社区推广和馆校课程，为公众普及因运河而生的地域文化、水利文化、漕运文化、船舶文化、商事文化，以及丰富的民间艺术、精湛的手工技艺、深厚的传统习俗，拓展公众的观展维度，多角度深化公众的参观体验过程。

以"运河湿地寻趣"展览为例，孩子们可以在专题导览活动中了解运河流域的自然地理风貌、近距离观察运河湿地里的多种动植物，进而认识到它们的历史文化意义。不定期组织的公众讲座，可以满足爱好者接触学术新成果、系统了解运河知识的需求。亲子活动是两代人共同学习、经历成长的重要手段，也能为参观增添一抹温馨的回忆。

此外，通过整合大运河沿线多家博物馆的优质教育资源，开展"量身定制"、形式多样的主题研学，参与者可以在实地观察、欣赏和探索中贴近文物、走近历史。为加强大运河文化遗产的保护、利用和传承，未来还将继续利用好博物馆教育资源，联合大运河沿线的幼儿园、小学、中学、大学等示范学校，逐步搭建运河文化的馆校合作平台，共同策划"大运河文化系列课程"，推动建立馆校合作长效机制，努力让博物馆成为学生的"第二课堂"。

专题导赏，满足不同年龄观众的需求

丰富多彩的教育活动（道具模型）

201

第五章

高品质的服务保障体系

文创商店

优质文创产品，满足美好生活需求

活态传承经典，感受传统生活之美

打造创意空间，文化浸润多彩生活

技术保障

技术应用理念

建筑智能化应用

安全防范应用

后勤保障

一流的环境

一流的设施

一流的保障服务

科研保障

大运河考古研究室

大运河遗产保护研究室

图书资料室

文物藏品库房

文创商店

创新运用运河文化、高质量提炼运河沿岸传统文化元素，打造优质文化空间，提供优质文化创意产品和服务，是中国大运河博物馆服务公众、提升社会服务水平和能力的重要内容。秉承公益性原则，着力让文物真正"活"起来，让运河文化深度融入现代生活，让拥有丰富江河湖海资源的"水韵江苏"品牌得到充分展现，是文旅融合背景下中国大运河博物馆文创工作的根本宗旨和理念。

优质文创产品，满足美好生活需求

中国大运河博物馆不仅有匠心营造的唐风建筑、创意无限的优质展览满足观众的精神文化需求，还有诸多有趣、实用、兼具艺术性和知识性的文创好物可以带回家。无论是欣赏把玩，还是馈赠亲友，观众和大运河都由此结下了缘分；那些令人印象深刻的展览、文物和故事，换个方式与观众再次相遇，带来美的享受。

"大雅斋"系列文创产品

活态传承经典，感受传统生活之美

古朴风雅的生活并不局限于建筑风格，也不囿于展厅橱窗。漫步在"因运而生"的展厅中，穿越时空，体验运河人家的柴米油盐，品味传承经典的琴棋书画。不一样的感受，给彼此留下难以忘却的记忆，友谊在升华，生活之美在传承。

"因运而生"展厅里的盐商宅子

打造创意空间，文化浸润多彩生活

充分利用馆内公共空间，结合实际建筑功能，最大限度地融合运河文创元素，拓展文创服务项目，将博物馆打造成具有运河文化特色的，让公众感到舒适、满意的文化休闲场所。

中国大运河博物馆拥有面积达数百平方米的综合文创商店。商店立足于体现运河美好生活，将运河文化与当下生活相结合，打造了一个集零售、展示、体验于一体的多功能美学生活区，既能成为博物馆展览的延续，又能成为参观者体验和购物的场所。

文创商店

书吧

　　个性化书吧融合了书店、文创商店和茶座的功能，可开展博物馆主题读书交流活动，为公众提供个性化的阅读空间。

食芳餐厅

饮翠茶社

庭圆咖啡

公众餐厅中，品类繁多的运河美食，玉鲙丝莼，一饱口福；茶社里，二三好友，雪沫午盏，一品人间清欢味；咖啡馆，浓郁醇香的咖啡，搭配上精致可人的甜点，齿颊留香，愉悦心情。

技术保障

技术应用理念

在中国大运河博物馆的建设中，我们遵循"恰当就是最好"的决策标准，遵循"最新的未必稳定，尖端的未必好用，先进的未必适合，好用的未必昂贵"的原则，在一次次的选择中更加务实，更加强调易用性、成熟性。我们注重博物馆内容的表达和知识的传递，秉承将各行业的成熟技术融入博物馆业务的创新构想，恰到好处地完成了博物馆的各项建设任务，使博物馆发挥出稳定、合适的效能。选择的恰当、建设的恰当、应用的恰当、运营的恰当，是博物馆科技应用可持续发展的重要决策依据，也是各项业务开展的基石。

建筑智能化应用

建筑智能化系统是博物馆建设项目的重要组成部分，其中的网络系统、楼宇设备控制系统、安全防范监控系统、通信系统都是博物馆建立安全、便捷、舒适的环境所必备的系统。长期以来，我国博物馆工程建设习惯于套用一般公共建筑的智能化建设模式，不完全适应博物馆功能需求的现象较为常见，限制了博物馆功能的充分发挥。

恰当的信息化应用系统、智能化集成系统、信息设施系统、建筑设备管理系统、公共安全系统、机房工程等建设，要求博物馆建设管理方和建筑智能设计者在设计原则与目标上找准定位，即明确建设目标的功能、应用和管理需求，以博物馆、展览馆类建筑建设的行业现行规范和标准为指导，充分认知藏品管理、展览陈列、文物保护、公众服务、安全防范、博物馆管理等专业的共性要求和个性需求，在项目投资规划的基础上开展深化设计与实施。

必须明确：与建筑、结构、机电等专业密切相关的各种智能化子系统是智能化基础设施，它们的系统构架、设备配置应与关联专业密切配合，在施工中同步实施；博物馆建筑智能化系统设计应严格契合建设投资规划、建筑与环境、机电设备、博物馆信息化的使用功能及运营管理需求，兼顾技术发展趋势。应避免盲目攀高，过于追求高、精、尖的系统配置，导致影响系统运行稳定性的隐患、投资失控造成巨大浪费等问题。我们认为，发展变化中的新技术和新理念，不宜作为设计和实施的主要手段和实施目标，只能引领设计参考的方向，在系统中预留可扩展功能的余地。

安全防范应用

中国大运河博物馆按照业内最高标准设计和建设了全数字智能化的安全技术防范系统，包含防入侵报警系统、视频监控系统、出口控制系统等 16 个子系统。广泛分布的探测传感器不间断接收各种数据信息，利用高速网络汇总到控制中心，经过计算机软件平台进行分析研判，根据预定规则自动或在工作人员干预下做出决策，第一时间发出指令采取有效措施，及时处置各种安全问题或解决观众各类需求。

保护馆藏文物安全是博物馆的职责和使命，为此我们依照业内最高标准即一级风险单位要求进行防范设计，将全馆范围由外向内划分成周界、监视区、防护区、禁区等防区，根据划分的防区级别，采用多种不同技术原理的报警探测器交叉覆盖，层层递进纵深防护。利用摄像机对上述区域进行视频复核，以入侵报警系统为核心，以视频监控系统、音频复核系统为辅助，同时辅以出入口控制、电子巡查、应急广播等。运用计算机技术、网络通信技术、图像处理等手段，将多个子系统融为一体，协同防范，从而构成一个智能化程度高、功能设置完善、综合防范能力强的现代化安全防范体系。该系统能够实时探测到非法入侵行为，2 秒内将所在位置图像自动上传到控制中心大屏，工作人员接到报警后可在 3 分钟内到达现场进行有效处置。上述过程全部是在计算机控制下自行处理，实现了以最小的人力成本，最大程度地保护博物馆安全。

广泛分布在园区的各类高清摄像机能够进行全天候监控，通过智能分析算法自动识别各种异常情况，例如人员异常聚集、打架斗殴、排队过长、可疑人员滞留等。针对运河沿岸可能发生的落水危险，设置了专门点位进行实时监测，系统发现异常后将自动发出报警并通知工作人员及时到达现场处置。根据"预防为主，安全第一"的原则，在观众入口处还设置了安检系统，对所有进馆的人员和物品进行防爆安全检查，防止危险品进入展厅。具备人脸识别功能的摄像机与当地公安数据库关联，能够第一时间识别出可疑人员，并在控制中心大屏弹窗报警。除此之外，系统利用算法优势还可以对特定目标进行轨迹跟踪，实现寻人寻物的功能，甚至可以通过数据分析得出观众参观的兴趣目标，为博物馆提升服务水平提供参考。

便利的停车感受是现代化博物馆高水平服务的重要标准之一。中国大运河博物馆自有停车场共设停车位 441 个，其中地下停车位 327 个，地上停车位 114 个，能够有效满足观众参观的停车需求。

停车场采用无人值守智能化管理，车辆进入时自动识别车牌，通过线上支付自助缴费离场。系统能够实时提示空闲车位信息并通过电子屏引导车辆有序停放，车辆停好后系统会立即将车位所在位置信息推送给车主本人，避免了因停车场太大而一时无法找到爱车的尴尬。

馆内还设置了一套自动应急响应系统。该系统以火灾自动报警系统、安防综合管理平台为基础，可采取多种通信方式对自然灾害、重大安全事故、公共卫生事件和社会安全事件实现就地报警，并与属地政府有关职能部门有效对接。具备应急指挥调度、紧急疏散与逃生紧急呼叫和导引、事故现场应急处置等功能。此外，2辆微型消防车和遍布园区的微型消防站随时待命，同时配备专门的安保人员和电动巡逻车不间断巡逻。车上配备无线对讲机、喊话器、防暴灭火器材等，必要时可以出动无人机，用最少时间调动最大资源，及时采取措施，快速处置，减少损失，保障文物和观众人身财产安全。

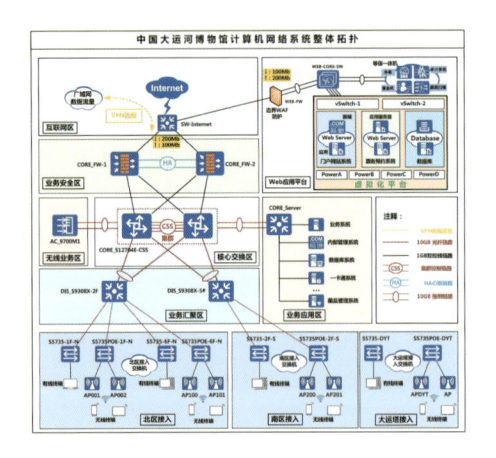

中国大运河博物馆计算机网络系统整体拓扑图

信息中心机房

后勤保障

后勤保障服务主要包括博物馆建筑维护、馆内环境和绿化维护、机电设备的运行维护。后勤保障团队不断提高服务意识，持续改进服务细节，着力优化服务流程，充分发挥一流环境和一流设施的功能，为公众提供一流的保障服务。

一流的环境

中国大运河博物馆外部环境优美，内部环境干净整洁，环境卫生实行标准化管理，制定详细的区域卫生标准，配备完善的保洁清洁机械设备和优质便捷的保洁工具。在精心设计的屋顶花园，观众既可赏花品茶，亦可俯瞰三湾美景，趣意盎然，流连忘返；在曲径通幽的内庭院，仿佛置身于精巧别致的扬州园林，扑面而来的是典雅恬静的江南气息。馆内空气清新，温湿度适宜，空调区域通过溶液系统对温湿度进行独立控制，根据空气品质自动启动送排风系统。新风采用热泵式预冷型溶液调湿新风系统，文物库房和部分展厅采用温湿度独立控制的恒温恒湿空调系统，部分展柜采用恒温恒湿展柜。公共空间设置兼具传统和现代风格的各种艺术品，同时点缀绿植，营造良好的文化氛围，将运河生生不息的灵动之气贯穿整个公共空间。

一流的设施

馆内设置垂直电梯12部、扶梯16部，客货分离，布局合理，垂直交通顺畅无障碍，使观众的参观流线更合理、货物运输更安全便捷。对观众开放的洗手间14座，干净卫生，达到AAA级标准，同时配备母婴室、无障碍洗手间和清洁管理间，洗手间最大服务距离不超过 500 米，保证公众 5 分钟内可以到达。设有 160 个餐位的公众餐厅和 100 个餐位的员工餐厅，装潢舒适简约，供应扬州特色美食；占地 488 平方米的多功能厅，既可举办临时展览，也可用作中小型会议的会场。顶层"阅江厅"为新中式风格贵宾室，庄重典雅，诗情画意；一层设有彰显运河和扬州之美的中式接待室，以及风格简约的西式接待室。

一流的保障服务

后勤保障部门是一支专业素质过硬的保障团队，拥有标准化、精细化的管理要求，全面、细致、规范的服务流程，致力于为博物馆高质高效运营提供一流的保障服务。保洁团队严格按照工作流程要求，按区域卫生标准，利用各种先进设备打造整洁明亮的卫生环境，迎接观众的到来；设备团队充分利用楼宇自动化系统，24 小时监测馆内各种机电设备的运行状况，同时人工定时巡视各设备机房和配电间，做好设备设施的定期维护保养和突发维修；供给团队严格遵守采购流程及库房管理规定，货品及时入库，按需发放，避免浪费，为博物馆开放运营做好物资保障；管理团队定时巡查或随机抽查各项工作情况，对出现的问题立即处理，认真记录并及时反馈，同时做好各项外包业务的监督管理工作。

阅江厅

中式接待室

西式接待室

配电房

供热机房

生活水泵房

科研保障

大运河考古研究室

为深入挖掘大运河的历史、文化、科技内涵，充分阐释大运河的开凿、使用和价值，江苏及其他省份一直在努力推进大运河沿线的考古调查和发掘工作。通过对大运河相关遗址出土文物的整理、测试、分析、统计和研究，充分提取文物潜在的有效信息，为中国大运河博物馆展览、文物保护和遗址保护等提供科技支撑和科学数据。

考古实验室约 600 平方米，是一座配备相关室内发掘清理、成分检测、统计分析设备的综合性科研基地，下设陶瓷文物科技考古实验室、金属文物科技考古实验室和土遗址与砖石文物科技考古实验室三个实验室。此外，考古实验室将集实验室、库房、整理室、修复室、照相室、水下考古研究室等功能于一体，合力打造一座深入探索大运河文化内涵、展示文物核心价值的开放的科研平台。

大运河遗产保护研究室

文化遗产的保护与传承是大运河的灵魂。大运河沿线的水工遗产、运河故道、古城、古遗址等文化遗产，既包括不可移动文物，也包括可移动文物，涉及交叉学科。遗产保护实验室以大运河沿线文化遗产保护为主要研究内容，既满足大运河沿线文物保护的迫切需求，同时达到申报一级博物馆所需文保实验室的硬件要求。

遗产保护实验室约 1000 平方米，设有金属修复室、瓷器修复室、有机文物修复室、基础实验室、遗址研究室等，重点开展考古现场的文物提取技术及保护修复技术、古建筑及大遗址保护技术研究，以及大运河沿线不可移动文物的原位勘察、监测技术、保护规划和方案编制等研究工作，为文保科技服务于考古研究、古建筑及大遗址保护等提供强有力的保障。

基础实验室

基础实验室

水下考古研究室

整理室

陶瓷修复室

修复室

遗址保护实验室

遗址保护实验室

图书资料室

中国大运河博物馆图书资料中心承担着与运河相关的图书、文献、资料的收藏、管理和流通重任。在博物馆筹备期间,图书资料中心从国内外各研究机构搜集到大量与大运河历史相关的史料、文献,以及可直接应用于服务、展示的高清数字照片、视频等。它们不仅是促进博物馆各项业务拓展、提升的基础资源,也是支撑博物馆服务、运营的战略资源。建设完成后的图书资料中心占地面积约160平方米,设有阅览区、查询区、库区和办公区,配有台式电脑、扫描仪、复印机、打印机等硬件服务设备,以及图书、文献信息查询系统、数字资源数据库等信息服务平台,为馆内工作人员、研究者提供适于学习、利于创新的空间,营造累积知识、分享智慧的氛围。

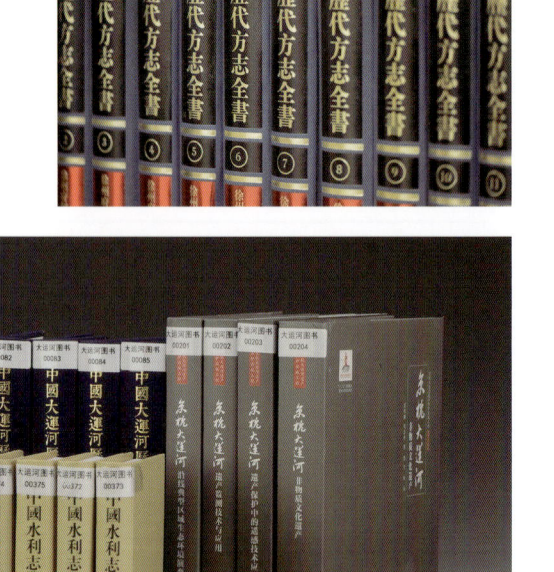

馆藏图书

文物藏品库房

库房位于地下一层北侧，建筑面积3000多平方米，专门储藏各类文物藏品，是一个安全牢靠、固定专用的场所，具有防震、防雷、防火、防水、防盗、防虫、防潮、防尘、防有害光线、防空气污染等多重防护功能。卸货升降平台可直达地面，并有无障碍通道直达博物馆各层展厅。

库房内部分为库前区和库藏区。库前区设有文物档案编目登录室、文物鉴赏室、消毒熏蒸室、高清采集摄影室、超高清扫描室、拆箱包装间、暂存库、周转库、保卫室等。库藏区设置8个恒温恒湿洁净库房，周围有回廊与建筑外墙相隔，起到隔水、防潮、防盗等多重作用。储藏文物的所有柜架都按照全新理念设计制作，高标准、严要求地选用传统和现代相结合的组合式钢木框架结构，充分利用库房层高空间，使柜架内文物具有良好的安全性、稳定性、展示性、透气性和使用的便利性。

所有进入库房的文物都要经过预防性保护处理，如有机质类的文物需要运用消毒熏蒸室的真空抽氧充氮设备杀灭虫害细菌等，整个过程非常环保洁净，对文物和人员没有任何伤害。所有藏品都按照不同质地、类别在不同的库房得到整体性保护，每类文物都有它最为适宜的恒定的温湿度及光照条件，并通过远程无线监控系统随时监测发现库房内部的温湿度变化。

数字化扫描室和摄影室，是为采集平面文物和立体文物的高清、超高清影像而专门配置的，使用的冷光源对文物没有任何伤害，确保一次采集，长期使用，避免了多次反复提用文物可能造成的安全隐患和损伤，节省了大量的人力物力，极大地提高了社会整体效益。所有这些措施，最根本的目标是让藏品享受到最佳的保护设施和保存环境，使每一件藏品都能安全长久地保存，更好地服务公众与社会。

第六章

思维创新的组织协调机制

编制总体方案，明确建馆思路

开展前期调研

形成策划方案

创新理念方法，优先征集展品

转变征集理念

创新工作方法

取得丰硕成果

组建工作团队，分解年度任务

成立筹备办公室

落实责任部门

申请专项资金，实施政府采购

筹措前期及布展经费

履行政府采购方式及流程

推进机构注册，做好人员招聘

完成设立手续

实施岗位招聘

为将中国大运河博物馆打造成为展示中国大运河文化保护、传承和利用的标志性工程，成为世界运河城市物质和非物质文化遗产交流互鉴的精品工程，中运博在布展及运营工作启动之初就以高标准谋划推动高质量建设，在方案构思、展品征集、团队组建、专项资金及人员编制申请、任务分解、政府采购、单位组建等方面围绕建设国家级博物馆的目标开展一系列卓有成效的工作。

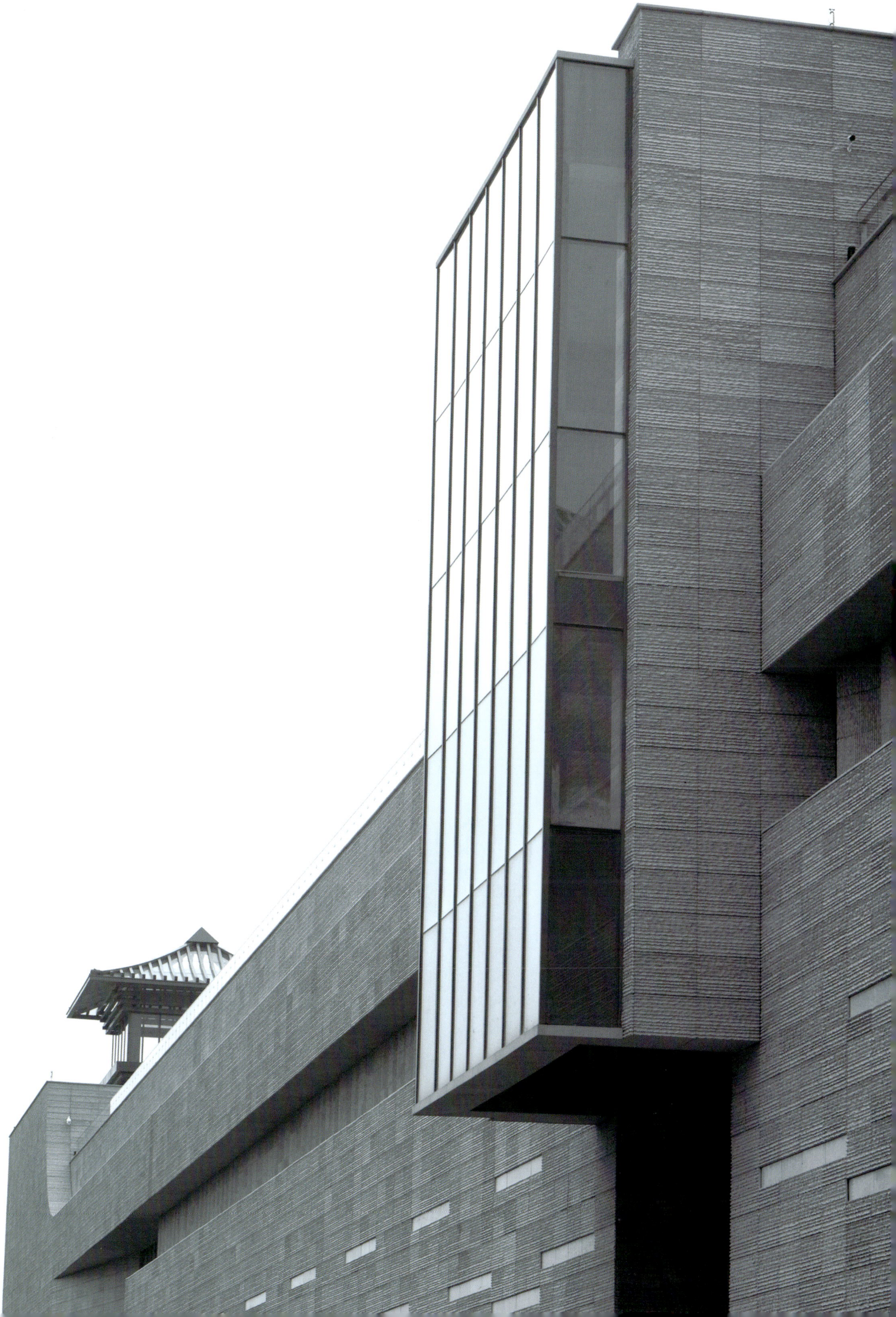

编制总体方案，明确建馆思路

开展前期调研

为落实博物馆建设筹备前期工作，明确建馆思路和方向，2018年7月至8月，南京博物院龚良院长陪同上级领导对博物馆选址扬州三湾进行了实地视察，随后又相继考察了杭州京杭大运河博物馆、中国（海南）南海博物馆。组织专班对已有或在建运河主题博物馆的整体规模、展示内容、主要特色进行全方位了解和分析，为中运博建设提供基础素材和实践案例。

选址考察

调研杭州京杭大运河博物馆

调研中国（海南）南海博物馆

形成策划方案

总体策划方案手稿

展览及运营筹备方案专家论证会

展览及运营总体策划方案讨论稿

2018年8月，南京博物院组织专家团队就中运博建设及运营总体思路进行数轮研究论证，形成了《（中国）大运河博物馆展览及运营总体策划方案》。

在目标定位方面，明确以大运河文化带、大运河国家文化公园江苏段建设走在全国前列为导向，以打造文化地标和多功能公益文化服务机构为指引，以深化文化体制改革为动力，建设一座以大运河发展变迁为时间轴、空间上涵盖大运河全流域且适当突出江苏段特质、重点展示大运河带给民众美好生活、冠以"中国"字样的大运河博物馆。

在陈列展览方面，从大运河沟通南北、促进融合维度，以大运河世界文化遗产属性、大运河沿岸美好生活状态为两大主题，辅以世界运河、隋炀帝与大运河、大运河相关非遗、紫禁城与大运河、大运河相关艺术、运河上的舟楫、大运河数字展示、大运河自然展示等专题构思展览，后调整为2个常设展览、6个专题展览、2个数字化沉浸式体验展、2个临时展览和1个青少年互动体验项目的展陈框架体系。

此外，对目标观众群体、馆舍建筑风格、展厅需求等方面，以及儿童体验区、非遗文化剧场、餐饮服务区等服务功能，展馆及库房恒温恒湿系统、安防系统、网络系统、服务系统、管理系统等基础功能进行了系统梳理，呈现博物馆建设的复杂性、专业性，最大程度争取上级政策和资金支持。

值得一提的是，随着资料搜集不断完善、展览展示及配套功能需求不断增加，建设规模由最初5万平方米增至5.7万平方米，后又调整至6万平方米，直至最终确定为约8万平方米。

创新理念方法，优先征集展品

鉴于筹建中的中国大运河博物馆零展品的实际情况和两年必须建成的工作要求，展品征集工作是筹备期间的重中之重，必须在第一时间立即响应，迅速启动。

转变征集理念

南京博物院文物征集部负责中运博的展品征集工作，要在一年半时间内征集满足展览需求的万余件展品。征集定位为展品既要有科学性、历史性和艺术性，直接反映运河主题，又要满足服务公众的需求，雅俗共赏。

按照博物馆现状及今后的发展趋势，藏品征集的概念已经完全不适应中运博征集工作实践所需。为此，我们舍弃了传统藏品征集的思路，转变成展品征集的工作思路。

征集工作以满足展览所需为一切工作的出发点和落脚点。展品征集组不断熟悉展览大纲的更新内容，同时加强与策展团队的联系，加强信息沟通。有新的征集信息，先与策展人沟通确认后再推动征集程序。

创新工作方法

拟定《大运河博物馆展品征集管理办法》，在征集宗旨、原则、程序、支付、保管等方面设置相关规定，确保征集工作顺利、协调、高效运转。

牵头召开展品征集沙龙和征集工作会议。统一思想，厘清思路，制定方案，压实责任，深入发掘已征集展品的时代背景、历史、文化、艺术价值，构建展品之间的组合与联系，搭建并完善展品序列，鼓励开展相关研究。不盲目追求展品的数量，而是注重提升展品的质量，力求做到物尽其用。

采取灵活机动的方式开展工作。关注运河沿岸城市的国有文物商店，加强与藏家、拍卖公司的密切合作，从中梳理各运河沿岸城市的重点文物、特色文物。在收购的同时鼓励捐赠，让更多的社会力量参与展品征集工作，做好相应的捐赠服务。完善考古发掘出土文物移交程序，规范展品交接。严格按照文物调拨的相关法律法规，做好省内及跨省国有文博单位之间的文物调拨工作。

取得丰硕成果

从"零展品"到"博物琳琅"：征集内容趋向多元，这是新的探索和尝试。究其原因，首先是大运河展品征集的对象外延宽广、内涵丰富，单一的文物已经满足不了博物馆的实际需求。其次是中运博所展现的内容不仅限于古代运河的变迁、功用与管理，还注重大运河作为历史文化遗产的时代意义。此外，为更好地提升展馆的公共文化服务效能，在展品展示时，运用一系列辅助手段，有利于更好地服务公众，提升展览的普及性与大众性。

从"博物琳琅"到物尽其用：在相关规章制度的规范下，明确展品征集的思路与方向。针对大运河展品特征，通过大量的征集工作，联合有关科研院所野外调查和考古发掘展示素材，开展资料搜集、模型制作、数据采集、藏品复制及展览设计等各项工作，可作如下分类：

一是文物。征集历史上能够反映对大运河开发、利用、管理的见证物，反映大运河沿岸社会发展、生活习俗、文化艺术的重要物证，反映大运河区域南北交流、东西交流的重要物证等，皆是征集工作的要义。与之相对应，这里所述的征集对象，就是我们所称的"文物"，这里的"历史上"，我们设定的时代下限为民国。

二是自然见证物。主要征集大运河自然环境的相关见证物，如动植物标本、河流水文资料、土壤环境资料、矿藏资源等。

三是非物质文化遗产。征集沿岸具有典型性、代表性的非物质文化遗产相关展品，其中不仅有非遗传承人的代表作品、工具等实物资料，还有活态的传承技艺、制作创作过程等资料。

四是现代艺术品。大运河是流动的文化遗产，我们不仅注重大运河的历史意义，也关注大运河的现实意义。因此，我们征集了一批当代艺术家创作的反映大运河风貌、人文景观、历史典故的书法、绘画作品等。

五是复制品、模型等。复制一批重要的珍贵文物，如隋炀帝墓出土的凤冠、明梁庄王墓出土的明代仪仗俑等。为展现大运河相关水利工程、闸口堤坝、漕运场景等制作的模型，有利于提升展览空间、加强展示效果。

六是多媒体数据、音像、影像、档案资料。主要有：反映近现代大运河风貌的图片、照片资料；现当代运河相关书籍、图籍、测绘资料；多角度反映大运河的录音、录像、影像资料等。

唐长沙窑青釉点褐绿彩双耳罐　　　　　　明武略将军大河卫副千户瞿祥墓志铭

南宋临安府京销银铤

清雍正刻本《河防志》

清剔红开光山水人物纹漆盒

清康熙铜较准

组建工作团队，分解年度任务

成立筹备办公室

2018年10月18日，南京博物院召开中国大运河博物馆展览及运营筹备动员会，院领导及中层正职集体讨论了任务分解及负责人选。10月25日，办公室、人事部牵头拟定初步方案并于11月6日通过院长办公会审核。大运河博物馆展览及运营筹备办公室正式成立，院长、分管副院长分别担任办公室主任、副主任。2021年上级任命馆长、副馆长人选后，筹备办公室组成架构又进行了重新调整。

南京博物院成立中国大运河博物馆展览及运营筹备办公室

办公室下设 8 个工作组。展览组由陈列展览部牵头，协调做好中运博展览内容设计、形式设计，整体把控布展工作方向、进度。考古部、古建筑部、古代艺术部、民族民俗部、图书信息部、社会服务部分别负责一个与其职能相关的展览策划。展品征集组由文物征集部牵头，根据展览需要制定展品征集方案，按照相关制度和规范开展征集工作。考古发掘组由考古部牵头，发掘运河相关遗址并搜集出土文物，特别是 10 至 15 件高 3 米以上的大型文化遗址类展品。保护修复组由文物保护部牵头，进行展品保护修复、实验室建设，并落实展厅、库房预防性保护。控制系统组由图书信息部牵头，与建筑设计施工方沟通，做好博物馆智慧、自动化控制系统功能落地。资料搜集组由典藏部、图书信息部牵头，搜集全国范围内文博机构与运河相关藏品信息、文献资料。项目协调组由办公室牵头，协调各项筹备事宜，开展博物馆形象设计和宣传推广。专家顾问组由学术委员会秘书处牵头，遴选运河相关历史、人文、考古、民俗、水利、船舶等专家，组建立体化学科顾问团队，为大运河馆提供学术支撑。

落实责任部门

在机构、资金、人员均尚未完全落实的情况下，为使筹备工作与工程建设进度总体保持一致，争取早做方案、尽早介入，南京博物院在调整工作重心、保障自身正常运转的同时，自 2019 年起连续三年年初即把当年度需完成的各项筹备任务分解至部门，提出项目内容、总体目标及阶段性目标、实施计划，计划财务部在已有资金总盘子内根据项目性质安排支出渠道和额度。通过工作项目化、项目责任化、责任奖惩化来强化落实和监督。每个项目的完成时间、责任人、参与部门和分管领导一一在列，院长办公会定期听取汇报，年终向院学术委员会秘书处提交考核验收表，业绩突出的部门和个人在先进集体和个人评选方面优先考虑。

初步的、较为科学严谨的制度体系对于一个新生单位来说至关重要。2019 年至 2020 年期间，着眼于中运博未来运行需要，人事组织部牵头编制了《中国大运河博物馆章程》《中国大运河博物馆遗产保护基金会章程》《中国大运河博物馆运营管理筹备方案》等宏观方案，以及包括但不限于《中国大运河博物馆专项经费使用管理办法》《中国大运河博物馆财务管理制度》等微观制度。

申请专项资金，实施政府采购

筹措前期及布展经费

筹建中的中国大运河博物馆无任何文物，亟须尽早征集与展览相关的各类展品。相关部门联合有关科研院所取得野外调查和考古发掘展示素材，开展资料搜集、数据采集、藏品复制及展览设计等各项前期工作。结合南京博物院二期改扩建工程和中运博实际情况，计划财务部对展品征集、考古发掘、文物复制及模型制作、文物保护修复、资料及数据搜集、展览内容及形式设计，以及包括资料印制、组织会议、聘请专家、调研差旅、设备购置、专职人员工资薪金、办公耗材等在内的前期筹备日常费用进行了大致测算，按照年度计划进度和工作量向省财政申请2018年、2019年、2020年三年拨付。

博物馆展览及运营筹备涉及面广，过程中因工作变化、任务调整，会随时修正目标任务，经费支出范围和内容也会随之调整。因此，计划财务部与省财政厅沟通，因任务增减变化等涉及经费调整时，同意南京博物院通过"三重一大"事项集体决策程序，在预算批复总额内自主调剂使用。

2020年初，展览内容设计文本通过审核，申请布展经费和开办经费事宜提上议事日程。

一是布展经费。近年来新建或改扩建的省级博物馆布展项目单位造价已达每平方米2万元，大大超过2017年财政部发布的《陈列展览项目支出预算方案编制规范和预算编制标准试行办法》建议的1.4万元。按照省委省政府"高质量打造一流博物馆"的要求，南京博物院以平均每平方米1.8万元测算布展经费，最终核算额度与实际需求存在较大缺口，呈现一流展览的压力巨大。

二是开办经费。文物库房、考古及文保实验室、博物馆智慧化服务平台要投入使用，导览器、座椅、存包柜、各式家具、办公用品等服务公众设备以及防爆器械、巡逻车、微型消防车等安全保卫设备要购置齐全，公众餐厅、职工食堂要试运营，展馆公共空间要设计布置艺术品或艺术装置以提升整体环境的精神文化意蕴。龚良院长带队向省财政厅阐释开办经费中每个项目对于博物馆运营的重要性，尽最大努力为大运河馆开馆争取支持。2021年4月，根据拨付的资金盘子调整支出范围，把钱用在刀刃上，优先保障开馆成为第一要务。

南京博物院团队与省财政厅沟通开办经费项目与额度事宜

履行政府采购方式及流程

在公开招标、邀请招标、竞争性谈判、竞争性磋商、单一来源、询价等六种政府采购方式中选择适合博物馆需求的方式，对于项目质量控制来说至关重要。以布展为例简要阐释如下：

一是议定招标方式。中运博建设时间极为紧张，必须打破先形式设计招标，接着初步设计、深化设计、绘制图纸、编定清单，最后施工招标的行业惯例，寻求既符合法律规范，又满足布展特殊要求，同时节省时间的采购方式。经与采购代理机构共同商讨，将多个展览分为3个标段，采取EPC模式分两阶段进行货物及服务类项目招标。第一阶段资格预审，评审投标方过往业绩、专业能力、商务资质、形式设计初步方案等，确定入围的投标方；第二阶段正式招标，评审入围投标方的形式设计深化和实施方案，确定中标方。为提升后续招投标工作效率和方案质量，2020年4月召开项目交流会，邀请具备博物馆陈列展览设计甲级资质、施工一级资质以及技术水平相当的单位前来了解总体情况，为项目实施提前预热。

召开展览形式设计及布展项目技术交流会

二是组建评标专家库。中运博展览涉及陈列展览制作、文化遗产保护、水利文化研究、考古及文物保护等细分领域，涵盖面广，专业性强。鉴于省政府采购平台专家库暂无拥有国家级博物馆展览项目评审能力的专家，南京博物院初步拟定了推荐名单，设立"博物馆展览政府采购评标专家库"。该专家库囊括范围比较广泛，既包括国家级、省级博物馆管理者，也包括策划实施国家一级博物馆、专题性博物馆展览项目的策展人，以及业界公认理论基础深厚和实践经验丰富的学者。根据《江苏省政府采购评审专家管理办法》中"技术复杂、专业性强的采购项目，……，采购人可以自行选定相应专业领域的评审专家"条款，在省纪委驻省文旅厅纪检监察组指导下，为两阶段评审抽取专家，全程摄像存档。

三是实施资格预审。2020年4月至6月编制资格预审文件并公告，投标方递交包括效果图、介绍视频、采购清单、制作清单、概算报价在内的展览初步设计方案。通过合格性审查且综合得分在前五名的投标方有一定补偿费用，前四名入围第二阶段。投标方同意所有竞标方案的知识产权归南京博物院所有，若入围其概算调整要符合甲方要求。评分细则设置上，着重于资质、业绩、项目负责人能力、报价及清单、现场答辩等。为方便有针对性地编制相关文件，组织投标方踏查工地、测绘数据。有15家单位参加预审，专家组翻阅方案、听取介绍、观看视频、研究分析，认真负责地做好评审工作。

布展项目公开招标抽取专家

四是完成正式招标。2020年8月启动第二阶段招标，招标文件中规定任务范围为递交深化设计及布展方案，图纸包括但不限于展厅平面图、立面图、剖面图，以及展柜图、展具图、照明图、版面图、辅助展品图和重点部分放样图等。评分细则较第一轮更为细化，整体风格、展线布局、非标产品、多媒体技术、服务措施等均在打分项列明。10月中标结果公布前，为全方位把控项目质量及进度，减少非必要的磨合过程，南京博物院要求三家中标方承诺：一是对形式设计、技术实施方案边落实边修改，直至获得认可；二是因布展现场实际需要提出新想法新方案要遵照执行，相关费用纳入总盘子并以第三方结算审核为准；三是从文物安全和展示效果考虑，配合对展柜、照明等主要货物品牌进行比选，样品封存作为验收的实物标准。12月，在扬州签订布展合同，布展项目政府采购圆满完成。

采购代理机构组织投标方踏查施工现场

布展项目政府采购资格预审评审

布展项目中标方承诺事项

组织对展柜、灯具进行
品牌样品比选

布展合同签约仪式

推进机构注册，做好人员招聘

完成设立手续

早在 2019 年 9 月，为推进中运博建设项目，省文旅厅即向省委省政府请求批准设立中国大运河博物馆（筹），并给予 150 名事业编制。其时，全省事业单位改革进入最后收尾阶段，编制员额实为有限，但考虑到中运博是我省大运河文化带建设标志性项目，参照国内相同类型博物馆，经省主要领导研究决定，同意中运博为省文旅厅直属正处级公益一类事业单位，正式编制 100 名，领导职数 1 正 3 副。这是近几年来省委编办批复员额最多的单位。

2020 年 11 月 10 日，经国务院办公厅批复同意，中运博正式定名为扬州中国大运河博物馆。12 月 15 日，省委编办也将中国大运河博物馆（筹）更名为扬州中国大运河博物馆。有了合法馆名，省文旅厅启动馆领导遴选工作。从领导班子人员构成角度出发，馆长人选要具有行政管理经验和社会服务活动、陈列展览策划能力，思路清晰，善于协调；副馆长人选要业务能力强，在文物保护研究方面具有比较丰富的实践经历。上级决定从南京博物院符合基本任职条件且年龄上至少能够任满三年聘期的现任中层正职和副职中推荐产生馆长、副馆长。

2021 年 4 月，按照省事业单位登记管理局要求准备单位设立登记相关材料。开办资金证明方面，包括单位法人实有的固定资金、流动资金、其他资金，用于单位发展的专项资金以及转化为货币形式的专利技术、商标等产权。将中运博前期筹备经费、布展经费和开馆设备设施购置经费等省财政部门作为出资人拨付的专项经费作为开办资金予以证明，拟在中运博投入运营并完成决算审计后申请变更登记。领取《事业单位法人证书》，完成法人印章、法定代表人印鉴的刻制。

在省人社厅、省文旅厅指导下，编制《扬州中国大运河博物馆内设机构"三定"规定》。宗旨和业务范围：收藏、研究、阐释、传播大运河历史内涵和文化价值及其在中华民族发展进程中的重要地位和作用，为公众提供文化休闲服务。领导职数配置为馆长、党总支书记 1 名，副书记（副馆长）兼纪委书记 1 名，副馆长 2 名（其中 1 名副馆长兼工会主席）。内设 11 个正科级部门：展览展示部、社会服务部、典藏征集部、图书信息部（下设大运河图书资料中心、大运河文化带数字云平台）、大运河文化研究部（下设大运河考古研究室、大运河遗产保护研究室）、文化创意部、党政办公室、人事组织部、计划财务部、安全保卫部、后勤保障部。

向省财政厅申请开立财政专户。从国有银行中选中交通银行扬州分行文昌阁支行作为开户银行，并由其向中国人民银行申请批准开立基本存款账户和零余额账户，用于大运河馆资金存付管理。

省委编办批复同意设立中国大运河博物馆（筹）的文件复印件

国务院办公厅关于中运博冠名的文件复印件

省委编办关于中运博更名的文件

按照组织原则和流程进行馆长、副馆长民主推荐

事业单位法人证书

实施岗位招聘

省人社厅批准招聘第一批约50名编内人员，涉及各部门主要岗位。委托人事考试服务机构落实命题、考试、面试等自主公开招聘工作。此外，鉴于文物及展品在2021年5月下旬陆续进场布展，部分安保、后勤、社教、文创等一线服务人员亟须培训上岗，人事部对相应岗位的人力成本进行了综合调研后，委托社会人力资源机构公开招聘约200名编外合同制人员。依据招聘情况和开馆需求，一线服务人员不足部分通过劳务派遣渠道解决。

大事记

2018年1月6日　在扬州市八届人大二次会议上，扬州市市长张爱军作政府工作报告，提出启动建设中国大运河博物馆。

2018年3月11日　在十三届全国人大一次会议和十三届全国政协一次会议上，全国人大代表、江苏省副省长王江提交《关于推进大运河文化生态带建设的建议》，建议将大运河文化带建设提升为国家战略，并支持江苏率先启动大运河文化公园、中国大运河博物馆的建设。

2018年5月16日—18日　中国工程院院士、中国建筑大师张锦秋带队赴扬州湾头镇和三湾公园进行现场勘察，认为三湾公园选址更适合建设中国大运河博物馆。

2018年7月6日　江苏省委书记娄勤俭在南京会见张锦秋院士及其团队，表示江苏将同她的团队全力合作，打造充分展示国家精神、彰显历史文化、体现时代特色的建筑精品，使之成为最能反映中国大运河文化的标志性工程。

2018年7月25日　江苏省委常委、宣传部部长王燕文在扬州主持召开大运河博物馆专题讨论会。会议提出场馆总体上由扬州方面负责建设，由省里负责展陈方案、资金、博物馆相关管理人员，并进一步明确了建设规模和布展形式。故宫博物院院长单霁翔、扬州市委书记谢正义、江苏省文化厅副厅长龚良、扬州市文物局原局长顾风等参加会议。

2018年8月1日—4日　王燕文部长带队赴杭州国际博览中心（G20峰会会址）、良渚博物馆、杭州京杭大运河博物馆、中国（海南）南海博物馆和博鳌亚洲论坛永久会址等地调研博物馆建设、展陈、运营等方面的情况。王燕文部长明确中国大运河博物馆展览和运营由江苏省文化厅负责，江苏省文化厅党组书记、厅长杨志纯明确展览和运营由南京博物院具体实施。谢正义书记、江苏省委宣传部徐宁副部长、龚良副厅长等陪同调研。

2018年8月23日　王燕文部长带队赴故宫博物院对接展陈及建筑方案。单霁翔院长对展陈大纲和建筑方案原则予以认可，认为要进一步细化展陈方案，加强与建筑功能布局的衔接。张锦秋院士，南京博物院龚良院长、王奇志副院长等陪同赴京。

2018年9月27日　江苏省大运河文化带建设工作领导小组办公室在扬州召开中国大运河博物馆规划方案专家评审会。中国大运河博物馆规划方案通过了以中国工程院院士、华南理工大学建筑学院院长何镜堂教授为组长的专家组评审。

2018年10月12日　在"2018年世界运河城市论坛"分论坛"博物馆馆长论坛"上，中国大运河博物馆（筹）选址公布，定于江苏扬州三湾，同时公布了初步设计方案。

2018年11月3日　南京博物院召开中国大运河博物馆（筹）功能分区及设计需求座谈会。会议明确了各功能分区及基本设计需求，同时要求做好与中国建筑西北设计研究院设计团队的对接事宜。

2018年11月29日　南京博物院召开2019年度全院重点工作讨论会。会上宣布中国大运河博物馆（筹）展览运营筹备工作的任务分解和人员任命。

2018年12月4日　大运河考古工作队成立，启动大运河沿线（江苏段）的考古调查和勘探工作。

2019年1月9日　扬州市委书记谢正义主持召开中国大运河博物馆和三湾片区规划建设协调会，市委副书记、代市长夏心旻出席会议并讲话。会议明确扬州三湾投资发展有限公司为中国大运河博物馆的建设主体，由扬州市政府直接与中国建筑西北设计研究院签订合同，高水平建设中国大运河博物馆和三湾片区。

2019年1月14日　南京博物院召开中国大运河博物馆（筹）文物征集思路座谈会。要求围绕宗旨、明确使命、优化策略、着眼长远，构建特色鲜明的藏品体系。

2019年2月13日　南京博物院召开中国大运河博物馆LOGO设计座谈会。南京艺术学院专家参会讨论。

2019年2月23日　在南京博物院江南考古工作站（以下简称"江南工作站"）召开中国大运河博物馆（筹）展览运营筹备会暨江苏大运河考古座谈会。江苏省内相关考古机构负责人及代表参会畅谈筹备事宜。

2019年3月16日　在江南工作站召开中国大运河博物馆（筹）常设展览"大运河——中国的世界文化遗产"专家咨询会。国内大运河遗产研究著名学者、运河沿线各省文物局和考古专家代表参会。

2019年3月24日　南京博物院王奇志副院长、郑晶主任在扬州博物馆开设展览策划公众访谈会，倾听扬州市民关于大运河博物馆建设的想法与建议。

2019年4月12日　征集了第一批中国大运河博物馆（筹）文物，计46件（套）。

2019年5月5日　中国大运河博物馆（筹）在扬州三湾风景区奠基。王燕文部长、王江副省长、谢正义书记、张锦秋院士等出席并为项目培土和奠基，夏心旻市长主持奠基仪式。

2019年5月6日　国家文化和旅游部部长雒树刚、江苏省省长吴政隆在扬州研究大运河博物馆项目建设，指出要坚持高点定位，彰显特色，围绕建成国家级一流博物馆的目标，精心打造历史文化与现代文明交相辉映的传世之作、精品之作，努力成为最能反映大运河文化的标志性工程。

2019年5月　中国大运河博物馆（筹）展览内容设计文本初稿，共11个展览文本形成，分别是"大运河——中国的世界文化遗产""因运而生——大运河沿岸的文化生活""大运河两岸非物质文化遗产""世界知名运河与运河城市""大运河艺术展""运河上的舟楫""大运河数字虚拟展""运河与自然""隋炀帝与大运河""紫禁城与大运河"和"大运河儿童体验区"。

2019年7月1日—2日　受省领导委托,龚良院长带队赴国家文物局汇报"中国大运河博物馆(筹)"相关事项。国家文物局局长刘玉珠、副局长关强、博物馆与社会文物司(科技司)司长罗静听取汇报,刘玉珠局长表示国家文物局愿意就共建或支持建设中国大运河博物馆(筹)事项与江苏省密切配合。

2019年7月17日　南京博物院召开中国大运河博物馆(筹)展品征集管理办法讨论会,讨论并进一步完善了《中国大运河博物馆(筹)展品征集管理办法》。

2019年9月13日　扬州三湾投资发展有限公司"中国大运河博物馆(筹)工程施工工程"的评标工作结束,江苏邗建集团有限公司中标。

2019年9月13日　扬州三湾投资发展有限公司"中国大运河博物馆(筹)项目监理工程"的评标工作结束,扬州市创业建设工程监理有限公司中标。

2019年9月24日　中国大运河博物馆(筹)正式开工建设。

2019年9月25日　中共江苏省委机构编制委员会批复省文旅厅提交的《关于中国大运河博物馆(筹)机构设置及相关事项的请示》,同意设立中国大运河博物馆(筹),为公益一类事业单位,机构规格为相当于正处级,核定全额拨款事业编制100名,先行核定领导职数1正3副,由省文旅厅管理。

2019年9月27日　雒树刚部长、吴政隆省长、王燕文部长和王江副省长共同参加"2019年世界运河城市论坛暨世界运河大会",并考察中国大运河博物馆(筹)施工现场。

2019年11月　中国大运河博物馆（筹）桩基工程全部完工，1411根桩基全部钻探浇铸完成。

2019年12月13日　南京博物院召开中国大运河博物馆（筹）部分展览文本专家论证会。对"因运而生——大运河沿岸的文化生活""大运河两岸非物质文化遗产"展览文本进行了专家论证。

2019年12月21日　南京博物院召开中国大运河博物馆（筹）部分展览文本专家论证会。对"大运河——中国的世界文化遗产"展览文本进行了专家论证。

2019年12月25日　南京博物院召开中国大运河博物馆（筹）部分展览文本专家论证会。对"隋炀帝与大运河""紫禁城与大运河""运河上的舟楫"展览文本进行了专家论证。

2019年12月31日　南京博物院召开中国大运河博物馆（筹）剧场方案专家讨论会。剧场设计方、江苏大剧院专家等参会。

2020年1月3日　南京博物院召开青少年读本务虚会，为青少年读本编写明确基本框架思路，该读本为中国大运河博物馆（筹）建设配套发行读本。

2020年1月8日　南京博物院召开中国大运河博物馆（筹）部分展览文本专家论证会。对"大运河儿童体验区""大运河艺术展"展览文本进行了专家论证。

2020年1月9日　南京博物院召开中国大运河博物馆（筹）部分展览文本专家论证会。对"运河与自然""世界知名运河与运河城市""临展厅"展览文本进行了专家论证。

2020年1月10日　南京博物院召开2020年度中国大运河博物馆（筹）展览及运营筹备重点工作责任分解会议。

2020年1月14日　南京博物院召开中国大运河博物馆（筹）部分展览文本专家论证会。对"大运河数字虚拟展"展览文本进行了专家论证。

2020年1月21日　南京博物院召开青少年读本编辑出版交流会。江苏省委宣传部文化产业处处长王明珠、江苏凤凰文艺出版社社长张在健等参会交流。

2020年2月27日　南京博物院召开中国大运河博物馆（筹）临时库房管理规定讨论会。会议明确了制定临时库房管理规定的基本要求。

2020年3月4日　王燕文部长、费高云副省长率省调研组视察中国大运河博物馆（筹）项目复工建设情况。徐宁副部长、杨志纯厅长、夏心旻书记、张宝娟市长、龚良副厅长、韩骅秘书长等领导陪同调研，邗建集团董事长范世宏参加活动。

2020年3月10日　受新冠肺炎疫情影响，龚良院长在南京博物院采取远程视频方式，主持召开中国大运河博物馆（筹）展览内容设计文本专家评审会。专家组评审并通过了"因运而生——大运河沿岸的文化生活""世界知名运河与运河城市"等6个展览的内容设计文本。

2020年3月14日　南京博物院召开中国大运河博物馆（筹）展览内容设计文本专家评审会。专家组评审并通过了"大运河——中国的世界文化遗产""隋炀帝与大运河""紫禁城与大运河"展览内容设计文本。

2020年3月15日　南京博物院召开中国大运河博物馆（筹）展览内容设计文本专家评审会。专家组评审并通过了"流动的文化——中国大运河""探索大运河——青少年互动体验""运河上的舟楫"展览内容设计文本。

2020 年 3 月　中国大运河博物馆（筹）全面进入上部钢结构安装阶段。

2020 年 4 月 7 日　江苏省国际招标公司在南京博物院组织召开中国大运河博物馆（筹）展览形式设计及布展项目技术交流会。

2020 年 4 月 22 日　扬州三湾投资发展有限公司董事长李大冲带队赴南京博物院，主持召开中国大运河博物馆（筹）景观方案优化设计讨论会。会议明确了景观方案的后续优化方向和思路。

2020 年 5 月 28 日　中国大运河博物馆（筹）主体结构封顶，由 1.85 万吨钢构件打造的大运河博物馆"金属身"开始全景呈现。

2020 年 6 月 15 日　江苏政府采购网发布"中国大运河博物馆（筹）展览布展货物采购及相关服务项目"招标资格预审公告。

2020 年 7 月 10 日　南京博物院召开"中国大运河博物馆（筹）展览布展货物采购及相关服务项目"资格预审公告招标答疑事宜讨论会。

2020 年 7 月 16 日　南京博物院代表赴中国大运河博物馆（筹）施工现场，与部分资格预审申请单位代表一同实地踏查并讨论交流。

2020 年 7 月 31 日—8 月 1 日　江苏省国际招标公司，启动"中国大运河博物馆（筹）展览布展货物采购及相关服务项目"资格预审评审工作。

2020 年 8 月 6 日、10 日　南京博物院召开"中国大运河博物馆（筹）展览布展货物采购及相关服务项目"展览形式设计深化技术交流会。各展览策展人及相应资格预审入围单位代表参会。

2020年8月27日　龚良院长带队赴中国大运河博物馆（筹），主持召开工程界面对接交流会。扬州三湾投资发展有限公司董事长李大冲、总经理沈晓梅、副总经理胡文利、蒋萍等参会。

2020年8月28日　启动"中国大运河博物馆（筹）展览布展货物采购及相关服务项目"招标（第二阶段）。

2020年8月31日　中国大运河博物馆（筹）大运塔主体结构封顶。

2020年9月22日　南京博物院主持召开"中国大运河博物馆（筹）展览布展货物采购及相关服务项目"招标答疑事宜讨论会。会后，江苏省国际招标公司将答疑事项以更正公告形式在江苏政府采购网发布。

2020年10月7日—8日　江苏省招标中心有限公司，举行"中国大运河博物馆（筹）展览布展货物采购及相关服务项目"招标开标会议。

2020年10月14日　江苏政府采购网发布南京博物院"中国大运河博物馆（筹）展览布展货物采购及相关服务项目"中标结果公告，江苏爱涛文化产业有限公司、苏州金螳螂文化发展股份有限公司、上海飞来飞去展览设计工程有限公司三家供应商分别中标。

2020年11月10日　国务院办公厅公布《国务院办公厅关于扬州大运河博物馆冠名问题的函》，在扬州建设的大运河博物馆定名为"扬州中国大运河博物馆"。

2020年11月11日　南京博物院团队赴扬州主持召开中国大运河博物馆展览形式设计方案多方对接交流会。其间，南京博物院与各展览布展公司举办签约仪式。

2020年11月14日　南京博物院与即将成立的"中国大运河博物馆（筹）"共同发起成立"大运河博物馆联盟"。国家文物局党组成员、副局长关强，江苏省文化和旅游厅党组书记、厅长杨志纯，国家文物局博物馆与社会文物司副司长金瑞国，以及大运河沿线的33家博物馆馆长共同出席成立活动。

2020年11月15日　王奇志副院长主持召开中国大运河博物馆展览深化专家论证会，金瑞国副司长、联盟成员单位的部分馆长共同出席了专家论证会。

2020年11月30日　江苏爱涛文化产业有限公司、苏州金螳螂文化发展股份有限公司运送部分材料至中国大运河博物馆施工现场，启动展览布展工作。

2020年12月2日　江苏政府采购网发布南京博物院"中国大运河博物馆（筹）展览布展监理服务招标项目"中标结果公告，江苏省经纬建设监理中心中标。

2020年12月28日　南京博物院驻场工作组开始全面进驻中国大运河博物馆展览布展现场，负责现场协调事宜。

2021年2月8日　江苏省副省长马欣考察建设中的中国大运河博物馆，详细察看项目施工进展、功能设施配套、周边环境提升等情况，调研和督导文化旅游场所疫情防控和安全生产工作。

2021年2月23日　江苏省委常委、省委宣传部部长张爱军赴扬州踏察中国大运河博物馆建设项目现场，并主持召开座谈会，就项目推进中遇到的一些具体问题协商会办。夏心旻书记陪同踏察。徐宁副部长，杨志纯厅长，龚良副厅长，省财政厅副厅长赵光，扬州市领导张长金、韩骅、王炳松、赵庆红参加活动。

2021年2月26日　江苏省文化和旅游厅党组任命郑晶为中国大运河博物馆馆长，徐飞为副馆长。

2021年2月底　南京博物院专为中小学生"量身定制"的大运河文化读本正式出版发行。

2021年3月10日　南京博物院召开中国大运河博物馆各展览名称讨论会，修改后的名称分别为"因运而生——大运河街肆印象""大运河非物质文化遗产""世界知名运河与运河城市""中国大运河史诗图卷""运河湿地寻趣""河之恋"和"大明都水监之运河迷踪"。

2021年3月21日　根据标书内容安排和布展进度需要，文博展陈专家组对展厅展柜和照明设备进行比选。

2021年3月23日　扬州市委书记夏心旻调研督查中国大运河博物馆项目建设，要求全市上下紧扣开馆的时间节点，加快推进工程收尾工作，精心做好内部装饰和展陈布展，确保精益求精，高标准高质量建成。

2021年4月8日　龚良院长带队赴中国大运河博物馆召开布展现场会，要求各布展单位树牢安全作业意识、严把展览布展质量、高效推进布展工作。

2021年4月9日　启动中国大运河博物馆员工招聘。

2021年4月12日　南京博物院副院长盛之翰主持召开中国大运河博物馆部分展厅布展合同外增加项目事宜专家论证会、"形影——运河主题多媒介艺术展"专家论证会。

2021年4月15日　张宝娟市长主持召开中国大运河博物馆项目专题协调会，表示支持场馆消防验收，以及实验室、博物馆商店、数字化、餐厅、茶社等项目的提升。龚良副厅长、王奇志副院长、郑晶馆长、蜀冈—瘦西湖风景名胜区党工委书记汤卫华等参会。

2021年4月16日　中共江苏省文化和旅游厅党组批准中国大运河博物馆内设机构设置，即内设11个正科级机构，核定科级领导职数11正13副。

2021年4月23日—25日　镇江唐墓、宜兴宋窑等4件大型文物运入展厅，展览布展工作加速推进。

2021年4月26日　张宝娟市长专题督查推进中国大运河博物馆开馆筹备工作。龚良副厅长、尤在晶秘书长、郑晶馆长等陪同。

2021年4月28日　龚良院长带队赴扬州参加中国大运河博物馆开放运营及公众服务品质等项目提升协调会。会议由蜀冈—瘦西湖风景名胜区管理委员会主任胡晓峰主持召开，郑晶馆长、李大冲董事长等参会。

2021年5月11日　杨志纯厅长赴中国大运河博物馆项目现场，督查推进展览布展与开馆筹备工作。龚良院长、王奇志副院长、郑晶馆长等陪同督查。

253

2021年5月18日　张爱军部长赴扬州调研中国大运河博物馆开馆筹备工作，强调要周密细致做好开馆各项筹备工作，努力打造最能反映中国大运河文化的标志性工程。张宝娟市长陪同调研。徐宁副部长，杨志纯厅长，龚良副厅长，市领导张长金、韩骅、赵庆红，市政府秘书长尤在晶参加活动。

2021年5月22日—30日　组织国内文博专家对"大运河——中国的世界文化遗产""因运而生——大运河街肆印象"等全部展览进行了形式和内容审查。

2021年5月31日　中国大运河博物馆展览布展工作基本结束。

2021年6月10日　中国大运河博物馆场馆完成验收。

2021年6月16日　中国大运河博物馆建成开放。

本大事记未尽数收录所有与中国大运河博物馆建设相关事项，若有其他重要信息提供，请与中国大运河博物馆办公室联系。

《中国大运河博物馆》编委会

主编：龚 良　郑 晶

副主编：田名利

总协调：王奇志　徐 飞　陈晶晶

撰稿人（按姓氏笔画排序）：

于成龙　万新华　马根伟　王奇志　王美诗　王格人　王清爽
王 璟　左 骏　卢小慧　田名利　田 甜　朱莉莉　朱悦箫
邬 俊　衣雨涵　闫 龙　许 越　许晶晶　孙福康　杜 臻
李 竹　李贵州　杨汝钰　杨 欣　杨 莹　邱永生　佘沛章
汪 昕　张小帆　张小坚　张小朋　张 乐　张 茹　张苡坤
张 静　陈 刚　陈述知　陈 钰　林留根　欧阳宗俊　周润垦
庞 鸥　郑 晶　顾 婧　钱 钰　徐 飞　徐 嵘　高 伟
高 杰　高 波　高梦琛　曹冰青　曹 军　龚 良　崔小英
巢 臻　彭 悦　蒋憎澄　谢 博　裴 斐　戴 群

特别撰稿：张锦秋

协调：张 乐　佘沛章　任彦馨　胡思涵

摄影：巢 臻　詹徐昊　黄天骥

图书在版编目（CIP）数据

中国大运河博物馆/南京博物院，中国大运河博物馆编. —南京：江苏凤凰文艺出版社，2021.6（2024.9重印）
ISBN 978-7-5594-5840-7

Ⅰ. ①中… Ⅱ. ①南… ②中… Ⅲ. ①大运河—博物馆—介绍 Ⅳ. ①K928.42-28

中国版本图书馆CIP数据核字（2021）第073746号

中国大运河博物馆
南京博物院　中国大运河博物馆　编

出 版 人	张在健
责任编辑	费明燕　胡雪琪
特约编辑	张　娟
书籍设计	郭　凡
设计制作	南京博书堂文化有限公司
责任印制	刘　巍
出版发行	江苏凤凰文艺出版社
	南京市中央路165号，邮编：210009
网　　址	http://www.jswenyi.com
印　　刷	苏州越洋印刷有限公司
开　　本	889毫米×1194毫米　1/16
印　　张	16
字　　数	150千字
版　　次	2021年6月第1版
印　　次	2024年9月第3次印刷
书　　号	ISBN 978-7-5594-5840-7
定　　价	320.00元

江苏凤凰文艺版图书凡印刷、装订错误，可向出版社调换，联系电话 025-83280257